치유하는
불교 읽기

심리학의 눈으로 새롭게 풀이한 불교 핵심 교리

치유하는
불교 읽기

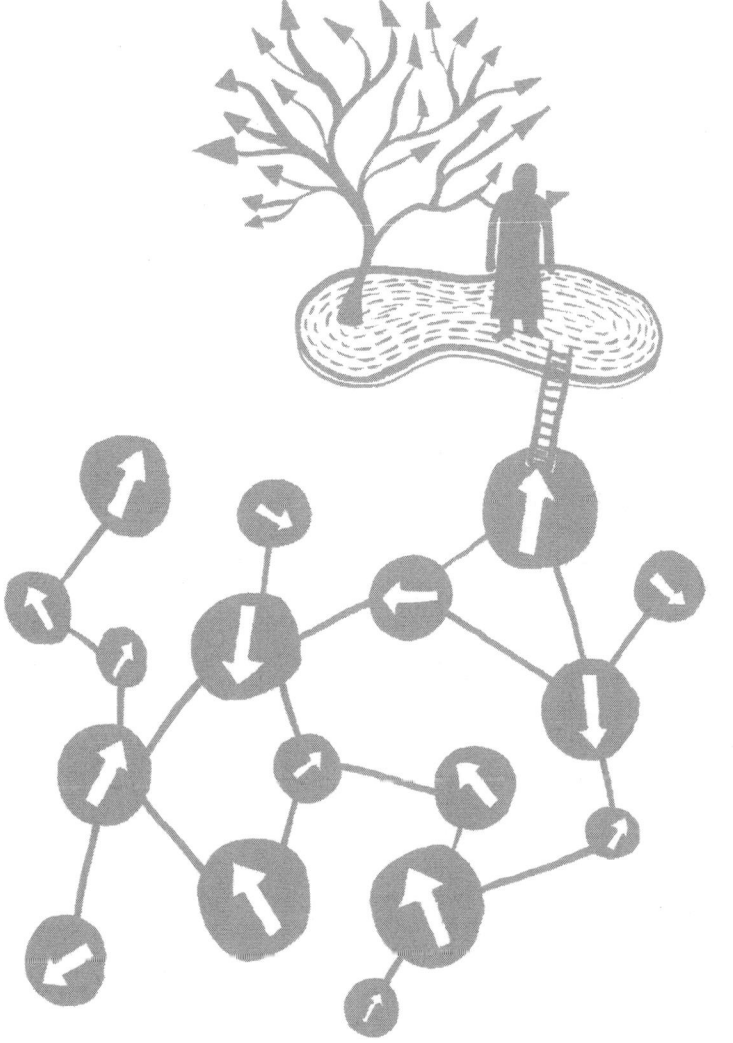

서광 스님 지음

불광출판사

여는 글

불자가 되고 불교 공부를 한다는 것은 곧 마음공부, 마음 수행을 한다는 의미다. 그래서 많은 선지식들은 팔만대장경을 마음 심(心) 자 한 글자로 표현했다. 출가자, 재가자 할 것 없이, 또 경전 공부를 하든 참선을 하든 관계없이 우리는 '마음공부', '마음 수행'이라는 말로 불자, 즉 붓다의 제자가 되는 길을 표현한다.

그렇다면 어떻게 하는 것이 마음공부인가?

우리에게 익숙한 공부는 인식의 변화, 행동의 변화에 일차 목표를 두지 않기 때문에 앎과 실천이 언제나 이원적이다. 그러나 수행과 동의어로 사용되는 불교 공부는 앎과 실천의 일원성을 강조한다. 불교 공부는 행동의 변화, 가치관의 변화가 필연적으로 수반되는 앎을 의미한다. 그래서 앎의 과정이 곧 실천의 과정이고 변화의 과정이다.

변화와 실천이 수반되지 않는 앎을 불교에서는 '알음알이'라 하여 '깨달음'과 구분한다. 전자는 알면 알수록 병이 되고 불행해지며, 후자는 알면 알수록 건강해지고 행복해진다. 알음알이는 고정관념이 되어 관계의 벽을 만들지만 깨달음은 고정관념을 깨뜨리고 막힌 관계를 소통시키기 때문이다.

그런데 우리들 가운데 알음알이와 깨달음의 진정한 의미를 오해하여 이론 공부나 경전 공부를 알음알이로 여기는 이가 더러 있다. 심지어 몸을 조복받는 것이 깨달음의 출발점인 줄로 알고 육신을 학대하는 경우도 있다. 어쩌면 이런 태도는 삶의 고통을 치유하는 붓다의 가르침을 놓고 가슴이 아닌 머리로, 치유가 아닌 논리와 분석으로 따져서 이해하고자 하는 입장들에 대한 반발일는지도 모른다. 그러한 견해들이 불교를 무미건조하고 감동이 없는 종교로, 턱없이 어렵고 난해한 이론으로 만드는 경향이 있기 때문이다.

그래서 어떤 이들은 아예 붓다의 처방전을 무시하고 약부터 짓는 무모함도 서슴지 않는다. 그러나 마음공부가 알음알이가 되어 병을 키울 것인가, 깨달음이 되어 병을 없앨 것인가는 이론이냐 실천이냐를 넘어서서 붓다의 가르침을 마음병을 치유하는 처방전으로 얼마만큼 이해하고 파악하는가에 달려 있다.

불교를 마음병 처방전으로 이해하는 것은 '우리가 어떤 방식으로 경전을 읽고 예불을 올리며 화두를 챙겨야 행위의 변화, 인간관계의 변화를 이룰 수 있을까?' 하는 의문과 관계있다. 또 어떻게 하면 우리가 참선을 하고 화두를 챙기고 경전 공부를 할수록, 그리고 수행의 세월이 길어지고 나이를 먹을수록 더 겸손하고 적게 화내며, 더 배려하고 친절할 수 있겠는가 하는 문제와 이어져 있다.

    이 책에서는 그와 같은 의문에 답하기 위해 불교 심리학 관점에서 불교 교리와 수행 방법을 들여다볼 것이다. '치유하는 불교 읽기'라 이름을 붙여본 이 과정을 통해서, 불교 이론과 실천 들이 우리 인간이면 누구나 가지고 있는 세 가지 독성, 즉 탐욕과 화와 무지를 어떻게 정화하고 치유하여 더욱 지혜로운 사람이 되도록 돕는지 알아볼 것이다.

    국어책을 놓고 수학 공식 풀듯이 이해하려 한다면 아무리 긴 세월을 씨름해도 소용없을 것이다. 이는 병든 생각을 바로잡고 아픈 마음, 아픈 세상을 치료하려는 붓다의 처방전을 대하는 태도에도 마찬가지로 적용된다.

    원래 의학에서 '치유(healing)'라는 말은 손상된 조직이 본래의 기능을 회복하는 것을 의미한다. '치유하는 불교 읽기'가 우리가 타고난 본래 건강한 마음을 회복하는 마음 치유 과정에 도움을 주었으면 하는 바람을 가져본다. 그리하여 더 많이 사랑하고 감사하는 삶을 꿈꾸는 이들에게 조그마한 보탬이라도 되었으면 하는 마음이다.

서광 합장

차례

여는글 005

1장 치유하는 불교 읽기 015
치유하는 불교 읽기란? 017
마음공부를 잘한다는 건… 020
유식 심리학이란 무엇인가? 023

2장 사성제 031
– 삶을 고통에서 건져내는 네 가지 가르침

사성제와 함께 삶의 현장 속으로 033
고성제 1: 통증과 괴로움 036
고성제 2: 고통은 깨달음으로 향하는 길 039
집성제 1: '나'에 머물면 고통이 엄습한다 043
집성제 2: 안과 밖을 모두 보기 046
멸성제 1: 집착의 소멸이란? 049
멸성제 2: 터치 앤 고(Touch and Go) 052
도성제: 고통에서 자유로워지는 여덟 가지 처방전 056
더 나은 지구를 만드는 앎 059

3장 삼학 061
- 붓다의 가르침을 활용하는 세 가지 길

붓다의 가르침 활용법 063
계 1: 고정불변하는 계란 없다 065
계 2: 자비를 먼저 생각하는 마음 068
정 1: 자아의식이 멈추면 고요함이 찾아든다 071
정 2: 진정한 자유는 있는 그대로 보는 것 074
정 3: 지나친 내면 몰입은 독이다 077
혜 1: 지혜 vs 지식 080
혜 2: 앎의 방식엔 우열이 없다 083
혜 3: 몸을 떠난 깨달음은 존재하지 않는다 086

4장 삼독과 삼법인 089
- 고통은 열반으로 통하는 문

잘 안다고 착각하지 마라 091
탐욕 1: 목마를 때 물을 마셔라 093
탐욕 2: 탐욕과 원력 096
화 1: '내'가 화를 낸다 100
화 2: 자비에 물을 주자 103
무지 1: 무엇을 모르는가? 106
무지 2: 무상과 무아가 가리키는 달은… 109
삼법인 1: 고통=열반 112
삼법인 2: 어떻게 고통에서 열반으로 나아가는가? 115

5장 바라밀 119
- 깨달음의 목적은 실천에 있다

꼬리에 꼬리를 무는 수행이 되어야 121
보시바라밀: 자아의식을 뛰어넘게 하는 위대한 힘 123
지계바라밀: 절도 있는 주고받기 126
인욕바라밀: '나'에서 '이웃'으로 중심을 옮기는 수행 129
정진바라밀: 열심히 하되 무리하지는 말자 132
선정바라밀: 굿바이 '나 홀로 고요함' 135
지혜바라밀: '나'는 어떻게 생겨나고 작동하는가? 138
십바라밀: 네 가지 바라밀이 더 필요한 이유 141
방편바라밀: 친구와 함께하면 공부가 즐겁다 144
원바라밀: 중생과 함께하면 염원이 깊어진다 147
역바라밀: 나와 너의 경계가 무너질 때 힘이 생겨난다 150
지바라밀: 지혜는 몸으로 익혀야 한다 153
바라밀은 서로 돕는다 156

6장 오정심관 159
- 건강하지 않은 마음을 다스리는 다섯 가지 방법

붓다의 맞춤 처방전 161
부정관: 양날의 검이므로 조심조심 164
자비관: 그는 나에게 와서 꽃이 되었다 167
인연관: 정확한 원인을 파악하는 힘 172
계분별관: 나를 내려놓는 홀가분함 174
수식관: 생각 버리기 연습 177

7장 삼십칠조도품 181
- 건강한 마음에 이르는 서른일곱 개의 계단

완전한 치유로 이끄는 필수 코스 183
사념처관: 몸과 마음이 함께하면 행복이 온다 185
사정근: 바른 노력은 인정이나 대가를 바라지 않는다 188
사여의족: 자유로운 마음이란 무엇인가? 191
오근: 뿌리 깊은 나무는 바람에 흔들리지 않는다 195
오력: 마음을 건강하게 하는 다섯 가지 힘 197
칠각지: 행복에 이르는 일곱 가지 지혜 199
팔정도: 고통의 원인이 사라지면 올바름이 찾아든다 202
당신이 있는 바로 그 자리에서 205

8장 연기와 무상, 그리고 십이연기 207
- 홀가분한 마음으로 세상을 바라보는 법

연기 1: 생각의 벽을 허물기 위하여 209
연기 2: 수행자의 로망은 연기 속에 212
무상: 지금-여기에 있음을 감사하라 215
십이연기 1: 갈애가 일어나면 이미 늦으리 219
십이연기 2: 자아의식에 오염된 갈망을 직시하라 223
십이연기 3: 마음 한구석의 집착은 어떻게 떨쳐내는가 226

9장 육도윤회 229
― 우리는 하루에도 지옥과 천상을 오간다

왜 불교 심리치료인가? 231
지옥도 1: 공격성에 빠져 있을 때 지옥을 경험한다 234
지옥도 2: 이웃이 행복해야 우리도 행복하다 238
아귀도 1: 만족을 알아야 만족할 줄 안다 241
아귀도 2: 우리는 욕망하도록 길러졌다 244
아귀도 3: 욕망의 방향을 돌려라 247
축생도 1: 앞만 보고 가는 어리석음 250
축생도 2: 가끔은 정신이 번쩍 드는 따끔한 충고를… 253
인간도 1: 우리의 마음은 왜 복잡한가? 257
인간도 2: 개똥밭에 굴러도 인간으로 사는 게 좋은 이유 260
인간도 3: 바라보고 받아들여라 263
인간도 4: 몸을 알아차리면 마음이 편안해진다 266
아수라도 1: 명석한 머리, 냉혹한 가슴 269
아수라도 2: 나도 죽이고 너도 죽여라 272
천상도 1: 또 하나의 극단 276
천상도 2: 깨진 유리잔을 본다는 것은… 279
마음은 끊임없이 변화한다 282

맺음 글 285

1장

치유하는 불교 읽기

치유하는 불교 읽기란?

불교에서 마음공부는 크게 교리 공부와 수행으로 구분할 수 있다. 이론 측면인 교리 공부는 주로 마음에 대한 이해, 즉 마음이 어떻게 구성되고 작용하는지, 건강한 마음과 건강하지 않은 마음, 괴로움의 사바세계와 깨달음의 세계에 대한 것이다. 실천 측면인 수행은 괴로움에서 벗어나 행복을 얻는 길, 괴로움을 유발하는 건강하지 않은 마음을 치유하는 과정, 건강한 마음을 성취하고 유지하기 위해 필요한 수행 방법들을 일상에서 실천하고 실현하는 과정과 관련되어 있다.

이론과 실천은 상보적, 역동적 관계로서 항상 함께 작용한다. 가르침의 편의상 이 둘의 특성을 구분하고는 있지만 실제로는 동전의 양면과 같은 것이다. 이론은 실천을 촉발시키고, 실천은 이론을 명료하게 만든다. 그런데 우리는 가끔 이 둘을 별개의 것으로 취급하는 오류를 범한다. 이를테면 먼저 이론을 공부한 다음 실천을 해야 한다든지 아니면 아예 이론은 알음알이에 불과하므로 무조건 실천부터 하고 본다는 것이다. 이 둘을 분리된 각각으로 이해하는 마음공부를 하면, 자칫 이론은 머리에 치중하고 실천은 몸에 치중하는 것으로 착각할 수 있다.

이론과 실천이 분리된 마음공부는 행동과 인격의 변화를 불러오는 데 장애가 된다. 그래서 좀처럼 치유가 일어나지 않는다. 왜냐하면 가슴이 움직여야 마음이 움직이고 인격이 변화하기 때문이다. 다시 말해서 머리나 몸을 훈련하거나 혹사한다고 해서, 우리의 인간관계와 웰빙을 오염하고 파괴하는 '탐욕, 화, 무지'라는 세 가지 독성(三毒)이 치유되어 상대방을 배려하고 친절해진다는 보장이 있는 것은 아니라는 의미다. 이론이든 실천이든 가슴으로 할 때 삼독이 치유되고 자비로워진다.

그러면 어떻게 하는 것이 가슴으로 하는 공부인가? 나는 그것을 '치유하는 불교 읽기'라고 이름 붙여 보았다. 이는 '치유'라는 관점에서 이론을 공부하고, 경전을 읽고, 실천 수행하는 것을 의미한다. 불교의 핵심 개념 가운데 하나인 '무아(無我)'를 예로 들어보자. 이론 공부는 무아가 무엇인지 언어를 통해 개념을 이해하고자 노력하는 반면, 실천은 몸으로 이해하려고 애쓴다.

그런데 이론과 실천이 둘로 나뉘면 공부하는 목적이 상실되어 이론은 개념과 관념으로 표류하고, 실천은 일없이 몸을 학대하게 될지도 모른다. 그러므로 치유하는 불교 읽기에서는 '무아가 무엇인가?'라는 물음보다 무아의 가르침이 '왜, 어떻게 우리의 괴로움을 치유하고 탐욕, 화, 무지라는 삼독을 제거하는 해독제로 작용하는가?'를 이해하는 데 초점을 둔다. 또 일상에서 겪는 괴로움과 인간관계 문제를 해결하기 위해서 무아라는 가르침을 구체적으로 어떻게 적용하고 활용할 것인지에 관심을 둔다.

치유하는 불교 읽기에서는 이론을 이해하는 과정이 실천 수행을 촉발하고, 실천 수행 과정은 이론을 몸으로 경험하여 명료하게 이해하도록 돕는다. 치유하는 불교 읽기는 머리나 몸을 훈련하는 것보다는 가슴을 터치(touch)하는 데 초점을 맞춘다. 가슴을 터치하여 감동을 유발하면, 그 감동이 선한 심리 상태(善心所)를 촉진하고 유지하도록 돕는다.

이를테면 무아가 어떻게, 왜 우리들의 괴로움을 소멸시키는지 이해하기 위해서는, 실제로 무아에 바탕을 둔 인간관계와 그렇지 않은 인간관계가 어떻게 다른지를 자각하고 인식해야 한다. 이를 바탕으로 무아라는 가르침을 삶 속에서 실천하면 가슴으로 이해하고 깨달을 수 있다. 나아가서 괴로움의 순간, 갈등의 관계에서 유아(有我)가 어떻게 작용하는지 살피고 알아차려야 한다. 치유하는 불교 읽기는 이런 과정을 도와서 이론적 앎과 실천적 앎이 하나가 되어 유기적으로 작용할 수 있도록 유도한다.

치유하는 불교 읽기는 가슴을 터치하여 온몸, 온 마음으로 이해하는 걸 돕는다. 가슴을 터치하면 진실한 행동과 인격 변화가 뒤따른다. 마음 치유는 바로 이론적 앎과 실천적 앎이 서로의 불완전한 앎을 끊임없이 타마하는 반복 노력이자 자각 과정이기도 하다.

마음공부를
잘한다는 건…

불교 공부란 우리가 흔히 알고 있는 공부와는 달리 이론과 실천이 서로 끊임없이 영향을 주고받으면서 하나가 되어 가슴에서 만나는 마음공부라고 했다. 마음공부도 배우는 자와 가르치는 자의 관계가 존재하기 때문에 평가에서 완전히 자유로울 수는 없다. 마음공부를 제대로 가르치고 제대로 배우고 있는지에 대한 평가가 반드시 필요하다는 뜻이다. 그렇다면 마음공부를 평가하는 기준은 과연 어떠해야 할까?

마음공부에 대한 정의로 들어가면 답이 나온다. 지식만 습득하는 일반 공부와 달리 마음공부는 이론과 실천이 하나가 되는 공부라 했으므로, 마음공부에 대한 평가가 타당하고 믿을 만하기 위해서는 당연히 이론과 실천이 함께 고려되어야 한다.

치유하는 불교 읽기에서는 평가 기준을, 마음공부를 통해서 인간이나 자연과의 소통을 방해하는 그릇된 생각이 잘 치유되어 안정되고 조화로운 정서 상태를 회복했는가에 둔다. 또 자신의 내면과 대인관계에서 얼마나 말과 행동과 생각이 조화롭고 균형 있게 드러나는가에 관심을 둔다.

이를 크게 개인과 전문 영역이라는 두 측면으로 나누어 생각해볼 수 있다. 개인 측면에서는 마음공부를 통해 얼마나 적게 화내고 정서적으로 조화롭고 일관된 인격으로 변했느냐를 평가한다. 자신의 마음 구조와 반응 행동, 인간관계 패턴에 대해 얼마나 많이 이해하게 되었는가를 평가하는 것이다. 그리고 내면의 정서적 조화로움과 자신에 대한 이해가 타인과의 관계를 얼마나 더 유연하게 하고 관계에서 빚어지는 갈등을 줄여주는지에 초점을 맞춘다. 전문 영역 측면에서는 마음공부가 얼마나 현재 자신이 몸담고 있는 전문 영역(직업)과 경력에 도움을 주고 유익한가에 초점을 맞추어 평가한다.

마음공부 시각에서 볼 때, 이론과 실천 수행이 서로의 불완전한 앎을 탁마하면서 함께 녹아 있지 않다면 올바른 앎, 올바른 공부라고 하기 어렵다. 마음공부란 신구의(身口意) 삼업, 즉 몸으로 행동하고, 입으로 말하고, 마음으로 생각하는 세 가지 행위를 통합적으로 함께 닦는 수행이기 때문에, 마음공부를 하기 전과 마음공부를 하고 나 후에 말하고 행동하고 생각하는 모습이 달라야 한다. 내면으로는 자기 자신에 대한 이해가 좀 더 명료해져야 하고, 대인관계에서는 뭔가 그만큼 더 상대를 이해하고 배려하며 너그러운 말, 행동, 생각이 뒤따라야 한다는 것이다. 치유하는 불교 읽기는 바로 이와 같은 전제를 바탕으로 말과 행동과 생각을 치유하는 데 그 일차 목표를 둔다.

마음공부를 하는 데 왜 평가가 필요한가? 사실 어떤 의미에서 평가 자체는 중요하지 않을지도 모른다. 다만 평가 기준이 공부 방향을 유도한다는 관점에서 평가의 역할이 중요하다는 것이다. 대학 입학시험 출제 방향이 학교 공부의 내용과 방향을 좌우하듯이, 마음공부를 평가하는 기준 역시 공부와 수행의 방향에 중대한 영향을 끼친다.

그런 의미에서, 치유하는 불교 읽기에서 마음공부가 나와 이웃, 환경과 생태계를 병들게 하는 해로운 말, 행동, 생각을 얼마나 유익한 말, 행동, 생각으로 전환하는가에 평가의 초점을 맞춘다는 사실을 한 번 더 밝혀둔다. 공부하는 이의 입장에서 볼 때 사전에 무엇을 평가하는지를 안다면 무엇을 공부하고 어떻게 공부해야 하는지를 더욱 자연스럽고 쉽게 파악할 것이기 때문이다.

유식 심리학이란 무엇인가?

　　　　　　　　　　　　유식(唯識) 심리학은 불교 심리학을 대표한다. 유식 심리학을 대표하는 한 권의 저서를 꼽으라고 하면 단연코 세친(世親, 320~400년경)이 쓴 『유식 30송』이다. 30개의 짧은 게송으로 구성된 이 책은 마음공부의 핵심, 즉 마음의 구조와 작용 과정과 기능 등을 이론과 실천 수행이라는 두 측면에서 기술해놓은 불교 심리학의 정수이자 완성본이다. 앞으로 치유라는 관점에서 불교의 기본 개념과 가르침들을 들여다보면서 유식 심리학의 내용과 용어들을 자주 언급할 것이므로, 『유식 30송』을 미리 간단하게 소개한다.

　　유식(唯識, Mind-Only, Consciousness-Only)은 말 그대로 오직 식(識), 즉 알 뿐이라는 의미다. 다시 말해서 우리는 제각각 알고 다르게 경험한다는 것이다. 유식 심리학에서는 우리가 동일한 사건이나 대상에 대해서조차 서로 다르게 알고 다르게 경험하는 건 근본적으로 자아의식 때문이라고 본다.

모든 사람이 자기중심적으로 받아들이고 해석하기 때문에 그럴 수밖에 없다는 뜻이다. 그래서 유식 심리학에서는 자아란 결국 과거 경험의 누적과 그것에 대한 집착임을 이론과 논리로 설명하여, 자아의 실체가 무아(無我, selflessness)임을 체득해가는 과정을 제시하고 있다.

그런데 우리가 동일한 상황과 대상을 서로 다르게 알고 경험한다는 사실을 아는 것이 왜 중요한가? 우리의 경험과 앎이 모두 유식임을 깨달을 때, 우리는 서로 다르게 알고 경험하는 것을 존중하고 수용할 수 있기 때문이다. 반대로 유식을 모르면 상대를 오해하고, 자기의 경험을 절대시하고, 상대방과 비교해서 옳고 그름을 판단하고 우열을 가리려고 한다.

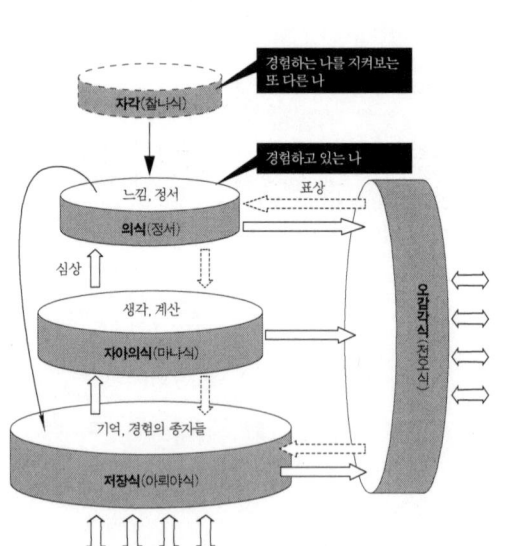

마음의 구조 1
마음 수행을 시작하지 않은 상태로 자각 능력은 매우 약하며, 환경과 자극에 수동적으로 반응한다.

그 결과 우리의 삶은 체험이 아닌 관념, 편견, 투사로 변질되고, 갈등, 미움, 질투, 우월감, 열등감 등 갖가지 건강하지 못한 심리 상태가 유발된다.

『유식 30송』의 핵심 메시지는 오직 내가 그렇게 아는 것이지 남들은 나와 똑같이 알거나 이해하지는 않는다는 것, 각자 다르게 알고 경험하므로 서로의 차이를 인정하고 존중하라는 것이다. 그렇게 할 때 우리는 삶과 인간관계에서 발생하는 엄청난 갈등과 오해, 그로 인한 고통에서 해방되어 기쁨을 누리게 된다. 한마디로, 유식을 알면 이해와 수용과 존중이 일어나고, 유식을 모르면 오해와 갈등과 고통이 뒤따를 수밖에 없다.

『유식 30송』 가운데 1~25송에서는 마음의 기원과 구조, 작용 과정

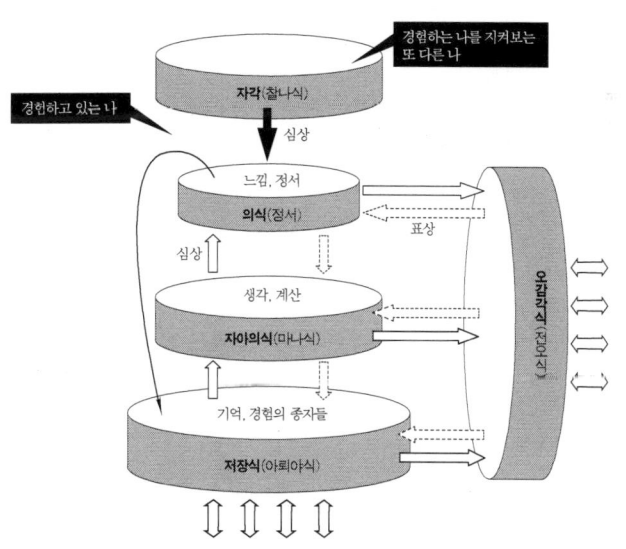

마음의 구조 2
마음의 작용을 이해하고 고통으로부터 해방하고자 하는 열망을 일으켜 자각 능력이 작동하기 시작한 마음의 구조다.

등을 체계적으로 밝히고 있다. 그 과정에서 인간 고통의 근본 원인, 고통의 뿌리가 경험 주체와 객체로 나누어 보는 우리의 이원적 인식 구조에 있음을 말한다. 대개 우리는 경험하는 '나'는 주인으로 여기고 그 '나'가 상대하는 대상은 모두 '손님' 취급을 하여, 자기중심적으로 내면세계와 외부세계를 바라보는 세계관을 건설한다. 그렇게 구축된 세계관은 세상과의 소통을 방해하고 삶과 인간관계에서 걸림돌로 작동하게 된다.

그러므로 우리의 웰빙과 조화로운 삶을 방해하는 가장 주된 원인은 바로 자아의식이다. 그리고 이 자아의식은 자신과 이웃을 끊임없이 비교하는 생각(我慢, self-pride), 자기중심적인 사랑(我愛, self-love), 자신에 대한 무

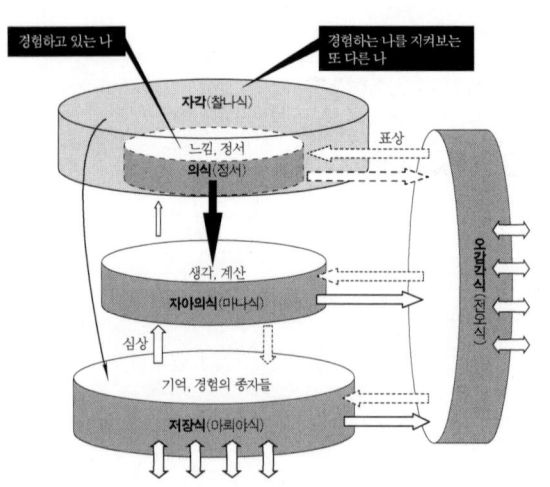

마음의 구조 3
의식 수준에서 감정이 일어남과 동시에 자각되기 때문에 감정이 더 이상 힘을 발휘하지 못하고 사그라지며, 의식에서 일어나는 일체의 느낌, 감정 등이 곧바로 자각된다.

지(我癡, self-ignorance), 영원하고 독립적인 자신이 존재한다는 견해(我見, self-view)라는 네 가지 방식으로 작동한다. 이 네 가지 요소가 어떻게 발생하며, 어떻게 건강하지 못한 심리 상태들을 유발하는지에 대해서도 유식 심리학은 자세히 설명한다.

나머지 26~30송에서는 고통을 유발하는 앎의 작용들을 완전한 지혜, 깨달음으로 전환하는 방법과 단계 들을 설명한다. 여기에서는 불교 수행과 교리를 전체적으로 포함하고 통합하면서 이들을 효율적이고 체계적으로 적용하는 방식들을 수행의 진전에 따라서 단계적으로 설명하고 있다

(유식 심리학에 대한 상세한 설명은 『현대 심리학으로 풀어본 유식 30송』(불광출판사, 2003)을 참고).

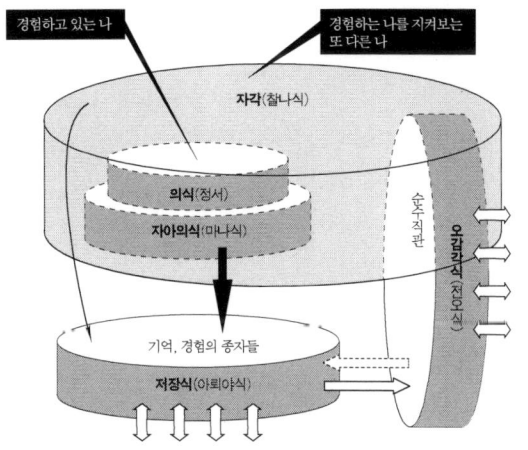

마음의 구조 4
자각이 자아의식을 관통함으로써 자아의식의 작용이 멈추고 자각으로 병합되어 의식과 오감각식에 끼치는 자아의식의 영향력이 완전히 사라진 상태다. 저장식은 여전히 작용하고 있기 때문에 완전하게 있는 그대로의 실상, 진리를 보는 단계는 아니다.

여기서 소개하고 있는 도표와 앞으로 전개되는 글에 유식 용어가 자주 나오고 있어, 독자의 이해를 돕기 위해 유식 핵심 용어를 소개한다.

- 자각(찰나식): 알아차림과 같은 기능으로서, 자각 그 자체가 치유다.
- 의식(정서): 자각의 일차적 치유 대상은 정서(감정) 영역이다. 왜냐하면 정서는 마음의 가장 표층에 자리 잡고 있을 뿐만 아니라 고통을 유발하고 가장 빠르게 전염되는 바이러스이기 때문이다.
- 자아의식(마나식): 타자와 개인을 분별하는 기능으로서 정서(감정)의 뿌리로 작용하며 무의식 영역이다. 나뭇가지인 정서가 어느 정도

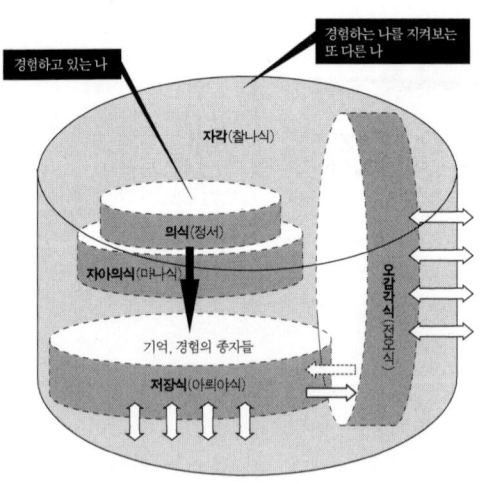

마음의 구조 5

자각 능력이 극도로 확대되어 마침내 저장식을 관통함으로써 저장식의 영향권에 있던 오감각식의 나머지 부분도 자각에 병합된다. 따라서 저장식과 의식, 오감각식 모두 더 이상 무지에 가려 있지 않고 각성을 이룬 상태다.

자각(치유)되면 몸통(뿌리)인 자아의식 또한 조금씩 자각(치유)되기 시작한다.

❈ 저장식(아뢰야식): 정신-신체적 유기체로서의 개인의 경험, 앎의 총체로서 마음의 가장 심층에 자리한 무의식 영역이다. 자아의식이 어느 정도 자각(치유)되면 저장식 영역도 자각(치유)되기 시작한다.

❈ 오감각식(전오식): 정서, 자아의식, 저장식이 자각(치유)되는 과정(정도)이 오감각식이 자각(치유)되는 과정(정도)이다.

❈ 묘관찰지: 완전하게 자각(치유)된 의식(정서)이다. 즉 의식(정서)이 전

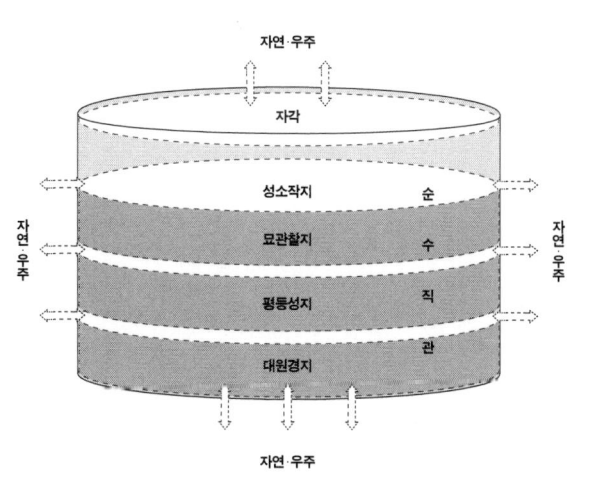

마음의 구조 6

경험 주체와 경험 대상이 완전히 사라져버린 상태. 아는 자와 알려지는 자의 주객 대립이 사라져버렸기 때문에 마음의 작동 또한 흔적이 없이 사라져버린 상태다. 우주와 완전히 하나가 되어 우주와 자아의 경계가 없어졌다.

환된 지혜다.

- 평등성지: 완전하게 자각(치유)된 자아의식(마나식)이다. 즉 자아의식이 전환된 지혜다.
- 대원경지: 완전하게 자각(치유)된 저장식(아뢰야식)이다. 즉 저장식이 전환된 지혜다.
- 성소작지: 완전하게 자각(치유)된 오감각식(전오식)이다. 즉 오감각식이 전환된 지혜다.

2장

사성제

삶을 고통에서 건져내는
네 가지 가르침

사성제와 함께
삶의 현장 속으로

뉴턴은 사과나무에서 떨어지는 사과를 보고, '왜 사과는 반드시 위에서 아래로 떨어질까?'라는 의문을 품었다. '그럼 사과가 위에서 아래로 떨어지지, 아래에서 위로 솟을까!' 너무나 당연해서 의문을 갖는 것이 도리어 이상하다. 그러나 뉴턴은 너무나 당연한 것을 당연하지 않게 보고 의문을 던진 후, 깊은 사유를 거쳐 만유인력 법칙을 발견했다.

붓다도 마찬가지다. 인간이라면 누구나 태어나서 늙고 병들고…… 죽는다. 붓다는 세상 모든 사람이 당연시하는 삶과 죽음에 깊은 의문을 품었다. 사랑하는 사람과 헤어지면 누구나 고통한다. 우리는 그것이 왜 고통인지, 사랑하고 헤어지면서도 고통하지 않을 수는 없는지에 대해서 고민하지 않는다. 그런데 붓다는 고민했다. 어쩌면 우리 가운데 더러는 고민했는지도 모른다. 그러나 그 고민을 해결하기 위해서 삶의 길을 바꾼 사람은 없다. 오직 붓다만이 그 해답을 찾기 위해서 왕의 길을 포기하고 출가 수행자가 되었으며, 6년여의 수행 끝에 답을 얻었다.

그러므로 모든 불교 교리는 붓다가 발견한 깨달음, 즉 삶과 존재의 고통, 모든 인간관계로부터 자유로워지는 길을 설명하고 있다. 그 가운데서 사성제(四聖諦)는 붓다가 깨달음을 이루고 나서 최초로 설법한 내용이다. 어떻게 하면 우리들이 괴로움에서 벗어날 수 있는지를 설명하고 있는 가장 보편적이고 타당한 진리다. 사성제는 깨달음을 향해 나아가는 ①고(苦, suffering), ②집(執, 集, the origin of suffering), ③멸(滅, the cessation of creating suffering), ④도(道, the path that leads to the cessation of creating suffering)의 네 가지 거룩한 길, 방법이다.

치유라는 관점에서 보면 사성제는 마음병을 치유하는 아주 단순하고 명쾌한 원리로서, 불교 심리학, 불교 심리 치료의 가장 기본적인 원형 가운데 하나다. 그런 만큼 누구나 쉽게 심리 치유에 적용할 수 있다. 이 때문인지 우리는 사성제쯤은 잘 알고 있다고 여기면서 그 원리가 쉽다고 생각한다. 사성제란 고집멸도, 즉 삶은 괴로움이고 괴로움에는 원인이 있으며 원인을 제거하면 괴로움은 사라진다는 원리이고, 괴로움의 원인을 제거하여 도(道)에 들어가는 여덟 가지 방법(八正道)이 있다는 데까지만 알면 사성제를 공부했다고 착각하는 것이다. 그러나 그러한 앎은 삶과 인간관계에 아무런 도움을 주지 않는다. 아는 것과 모르는 것에 근본 차이가 없기 때문에, 엄밀하게 따지면 앎이라고 할 수도 없다.

치유하는 불교 읽기에서는 붓다의 가르침에 대해서 '무엇'보다는 '어떻게', '왜'에 관심을 더 많이 쏟는다. 다시 말해서, '왜 붓다는 사성제를 가르쳤는가? 고통을 치유하기 위해서는 어떻게 구체적이고 실질적으로 사성제를 사용하고 활용할 것인가?'에 관심의 초점을 맞춘다. 단순히 사성제의 개념을 이해하거나 설명하는 일에는 관심이 없다. 어떻게 하면 고통의 바다 한가운데서 사성제라고 하는 수단을 통해서 깨달음의 저 언덕을 향해 헤엄칠 수 있는지, 고통의 파도에 휩쓸리지 않고 파도를 타는 방법을 익히고 가르칠 수 있는지에 관심을 갖는다.

사성제는 단지 종교적 개념이나 신념이 아니다. 너와 내가 좀 더 사랑하면서 살고, 현재의 순간을 더욱 온전하게 즐기며 머무르고, 가치 있고 의미 있는 삶을 살도록 도와주는 수단이자 실천 수행을 위한 치유 프로그램이다. 그러므로 사성제를 온전히 이해하기 위해서는 고집멸도의 네 가지 길을 실제 삶과 인간관계의 현장, 일상의 크고 작은 심리 상태들이 일어나고 사라지는 순간들 속에서 체험해야만 한다. 우리는 여기서 사성제라는 붓다의 가르침을 치유라는 관점에서 어떻게 이해하고, 왜 그렇게 이해해야 하는지 살펴볼 것이다.

고성제 1

통증과 괴로움

～

불교 심리 치료에서는 통증(pain)과 괴로움(suffering)을 구분한다. 전자는 순수 그대로의 일차적 고통이다. 이를테면 몸이 불에 데면 뜨겁고, 사랑하는 사람을 잃으면 아픈 그런 고통이다. 반면 후자는 주관적 반응에 의해서 생겨난 이차적 고통이다. 불에 덴 뜨거움이나 사랑하는 사람을 상실한 데서 오는 고통에 더해서 '누구 때문에', '왜 하필 내가 그런 고통을', '이대로 당할 수는 없다' 등등, 무언가 일어난 사실을 수용하고 인정하는 대신 거부하고 부정하는 데서 생겨난 고통을 말한다.

우리들이 겪는 대부분의 문제는 통증이라는 일차적 고통이 아니라 괴로움이라는 이차적 고통에서 비롯된다. 있는 그대로를 수용하지 않고 거부하기 때문에 제2, 제3의 고통을 일으켜 결과적으로 더 큰 고통을 겪는 것이다. "시간이 약"이라는 말이 있듯이, 일차적 고통은 시간과 함께 생주이멸(生住異滅)한다. 즉 고통이 발생하고(生), 일정 기간 머물렀다가(住), 점점 그 강도가 약해져서(異), 종국에는 사라진다(滅). 무엇이든 조건 속에서 생겨난 것은 반드시 시간과 함께 변화하고 사라지게 되어 있기 때문이다. 그러나 이차적 고통은 시간과 함께 소멸되지 않는다. 자연적 고통이 아니라 마음이 만들어낸 주관적 고통이기 때문에 마음을 바꾸지 않는 한 고통도 사라지지 않는다.

고성제(苦聖諦)에서는 일차적 고통과 이차적 고통을 구분하는 공부가 반드시 필요하다. 다시 말해서 고통을 겪는 이들은 자신의 고통 가운데 얼마만큼이 일차적 고통이고 또 얼마만큼이 이차적 고통인지를 알아야 한다. 또 이차적 고통은 일차적 고통을 거부하고 수용하지 않는 데서 비롯된 것임을 아는 것도 중요하다.

구체적으로 설명하면 이렇다. 첫째, 고통의 순간에 고통하고 있음을 알아차리는 훈련이 필요하다. 둘째, 그 고통이 일차적 고통인지 일차적 고통에 대한 반응(거부)으로 생겨난 이차적 고통인지를 구별해서 인식하는 작업이 필요하다. 셋째, 이차적 고통에서 스스로 거부하고 수용하고 있지 않는 것이 무엇인지를 확인한다. 마지막으로 거부하는 마음의 존재에 대한 자각을 증진시킨다.

고통의 순간에 직면하면 누구나 일단 그 고통에서 벗어나고 싶어 한다. 고통을 맞이해서 직면하고 싶어 하는 사람은 없다. 그렇게 일차적 고통을 피하고자 하는 마음은 이차적 고통을 만드는 강력한 조건을 형성한다. 그렇게 형성된 에너지는 변명, 부정, 합리화, 투사 등의 다양한 심리 반응기제를 통해 불안, 갈등, 스트레스를 유발하고, 그 결과 제2, 제3의 고통이 가중되어 삶은 그만큼 더 힘들고 괴로워진다.

    일차적 고통은 삶을 성장과 깨달음으로 이끌지만 이차적 고통은 삶을 황폐화하고 파괴한다. 다음과 같은 이유 때문이다. 일차적 고통은 일상의 인간관계와 삶의 방식, 행위, 태도에 대한 신호와 같은 역할을 한다. 이를테면 위험한 상황에서는 불안이나 두려움 같은 심리적 고통이 일어나고, 뜨거운 것을 만졌을 때는 신체적 고통이 일어나며, 누군가를 미워하면 분노 혹은 질투의 고통이 일어나는데, 이 모든 고통은 순간순간 우리 심리 상태의 위험 지수를 알리는 신호등이다. 그래서 우리가 그러한 위험 신호를 알아차려 생각하고 말하는 방식이나 태도를 바꾸면 고통은 금방 사라지고 마음은 다시 즐거움과 평온을 얻게 된다. 하지만 그러한 신호를 무시하고 거부하면 그 때문에 관계가 나빠지고, 나빠진 관계로 인해 더 많이 힘겨워지는 이차적 고통으로 나아간다.

고성제 2

고통은 깨달음으로
향하는 길

고통을 알아차리기 위해 제일 먼저 할 일은 무엇인가? 그건 바로 우리 몸에 대한 자각 훈련이다.

우리는 흔히 마음이 아프다고 표현하지만 엄밀한 의미에서 마음은 그 자체로 아픔을 표현할 수 없다. 그래서 마음은 항상 자신의 아픔을 몸으로 드러낸다. 그렇게 몸과 마음은 하나로 이어져 있다. 그런데 마음은 약하다. 자신의 아픔을 몸에 떠넘기고, 몸이 아파하는 것을 지켜보는 것이 두려워 몸에서 도망을 친다. 그런데 몸은 자기가 아프다는 사실을 끊임없이 마음에게 알리면서 마음이 뭔가 조치를 취해주기를 원한다.

그 결과 불안과 스트레스에 둘러싸인 마음은, 몸의 호소를 무시하고 더욱 더 멀리 도망을 가버린다. 이런 도망의 끝자락에는 정신병, 자살(고통으로 스스로를 탓하는 극단), 살인(고통을 누군가의 탓으로 돌리는 극단)이 있고, 중간에는 불안, 우울, 공포 등 무수한 심리 증상들이 있다.

　마음이 아플 때 잠시 하던 일을 멈추고 몸으로 주의를 가져오면 몸에서 일어나는 반응을 알아차릴 수 있다. 그 반응은 마음병의 정도에 따라서 심장이 막히고 죄여오는 고통일 수도 있고, 살갗이 아프거나 호흡이 불규칙하거나 가슴이 답답하거나 머리가 살짝 아픈 정도일 수도 있다. 그런데 마음은 여유를 잃은 나머지, 그러한 몸 상태를 알아차리고서도 돌보려 하지 않고 끝없이 도망가고 싶어 할 수도 있다. 그런 마음은 여전히 변명할 구실을 찾는다. 사실 그 마음을 달래는 것은 쉬운 일이 아니다. 그래서 우리는 경전을 읽고, 법문을 듣고, 불공을 올리고, 봉사활동을 하고, 절 수행과 명상을 하는 등 다양한 수단으로 마음을 정화하려고 애쓴다.

　『능엄경』에 나오는 붓다와 아난의 대화에서도 엿볼 수 있듯이, 마음이 머무는 곳은 어디에도 없다. 왜냐하면 마음은 너무나 빠른 속도로 나고 사라지기 때문이다. 다만 우리는 몸을 통해서 그러한 마음 작용을 알아차릴 수 있을 뿐이다. 마음의 고통은 반드시 몸의 고통으로 드러난다. 그래서 몸은 마음의 고통을 알아차릴 수 있는 홈그라운드다. 마음이 아파하는 순간 몸의 반응을 자각하면, 거기서 우리는 마음을 만나 아파하는 마음의 모양을 보게 된다. 그리고 아파하는 몸을 통해서 그 마음의 모양을 바꾸고 치유하는 것이 가능해진다.

　우리가 고성제를 이야기하며 '삶은 괴로움'이라고 했을 때, 그것을 듣고 단번에 고개를 끄덕이며 삶의 괴로움을 받아들이면서 연민심을 일으키고 문득 마음의 평화를 얻는다면 문제가 될 것이 없다. 하지만 모두가 그렇게 반응하지는 않는다. "삶이 왜 괴로움이냐, 감사함이다.", "삶은 선물이다.", "삶은 가치의 실현이다." 등등 반론을 제기할 사람도 있을 것이다. 그렇게 되면 고성제는 개념 논쟁에 휘말리게 되고, 그에 동의하지 않는 사람들에게 사성제는 무용지물로 전락할 수도 있다.

그렇다면 고성제를 어떻게 받아들여야 할까? 고성제의 핵심은 고통의 순간에 고통의 존재를 알아차리는 데 있다. 왜냐하면 고통은 우리가 삶에서 귀중한 뭔가를 망각하고 있을 때 그를 상기시켜주는 신호이기 때문이다. 또한 고통은 우리가 삶의 한가운데서 길을 잃고 헤맬 때, 목표를 향해 나아갈 수 있도록 길을 인도하는 안내자의 역할을 하기 때문이다.

어떤 이는 고통이 정말로 그런 역할을 하느냐고 반문할지 모른다. 사실인지 아닌지 궁금하다면 스스로 시험해보라. 그러면 고통에 직면했을 때 그를 거부하고 저항하는 것은 마치 늪에 빠져서 허우적거리는 것과 같은 이치임을 알게 될 것이다. 고통의 순간이 오면 가만히 숨죽이고 알아차려라. 그러면 바다에 빠졌을 때 가만 있으면 물에 뜨듯이, 늪에 빠지면 오히려 늪을 품에 안듯이 가만 엎드리면 천천히 기어 나올 수 있게 되듯이 그렇게 안전하게 다음 행선지로 가는 길을 발견할 수 있다는 사실을 알게 될 것이다.

고통은 그릇된 길의 길목에 서서 항상 우리를 지켜주고, 정신세계를 한층 더 증장시키는 데 반드시 필요하다. 고통을 통하면 기쁨과 깨달음을 발견할 수 있다. 그래서 고통을 성스러운 진리의 길(고성제)이라 명명한 것이 아닐까? 고통을 피하는 것으로 고통을 극복하는 길은 없다. 고통을 마주보고 고통과 함께 우리는 성장해가야 한다.

집성제 1

'나'에 머물면
고통이 엄습한다

        고성제의 핵심은 고통의 순간에 고통의 존재를 알아차리는 데 있다고 했다. 또 고성제에서는 객관적인 일차적 고통(통증)을 수용하고 인정하는 대신 부정하고 거부하는 데서 비롯되는 이차적 고통(괴로움)을 알아차리는 공부가 필요하다고 했다. 그러면 괴로움의 근본 원인에 대한 가르침과 관련된 집성제에서 우리가 알아야 할 것은 무엇일까? 그것은 바로 괴로움의 원인을 알아차리는 것이다.

    우리는 흔히 네 가지 괴로움(生老病死)이나 여덟 가지 괴로움(생로병사에 미워하는 사람과 만나는 괴로움, 사랑하는 사람과 헤어지는 괴로움, 원하는 것을 얻지 못하는 괴로움, 오온의 작용에 의한 괴로움을 더한 것), 또는 백여덟 가지 괴로움의 목록을 언급하거나 기억하는 것으로 집성제를 안다고 생각한다. 하지만 그것은 큰 착각이다.

괴로움의 원인을 아는 일은 생각만큼 단순하지가 않다. 괴로움이라고 하는 하나의 사건에는 무수한 인연들이 함께 작용했으므로 그 가운데서 괴로움을 일으킨 최초의 원인, 가장 근본이 되는 뿌리를 찾아내는 일은 쉽지 않기 때문이다. 수많은 생을 거치면서 쌓아온 괴로움이라고 하는 나무에 무성한 가지들이 달려 있어서 그 뿌리에 접근하는 일이 쉽지 않다. 자칫 나뭇가지를 뿌리로 오해하고 잘라내다가는 제2, 제3의 더 큰 고통을 유발하기 십상이다. 이러한 이치는 부모를 원망하고 남편을 원망하고 세상을 원망하면서 삶을 불행하게 보내는 이들의 모습을 통해서 충분히 이해할 수 있을 것이다.

괴로움의 원인을 알아차렸다고 가정해보자. 그런데 그것이 괴로움의 뿌리인지 가지인지, 아니면 작은 이파리에 불과한지 어떻게 알 수 있는가? 그건 간단하다. 괴로움이 있는 곳에는 반드시 '나(self/ego)'가 함께 존재하기 때문이다. 괴로움의 뿌리를 본다는 것은 자신의 괴로움 속에서 '나'를 발견하는 것이다. 그러니까 우리가 괴로움의 원인이라고 지목한 대상이 '나'가 아닌 다른 어떤 대상이면 그건 뿌리가 아니고 가지라는 의미다.

드라마 속 주인공이 자신을 불행하게 만든 원인으로 외부 대상을 지목하고 복수하는 일에 몰두하는 경우가 종종 있다. 그 결과 인생이 어떻게 되었는가? 파괴와 불행으로 점철되지 않았던가. 괴로움의 원인을 제거하면 괴로움이 사라지는 것은 물론이고 엄청난 행복감, 성장, 감사, 자아실현, 사랑, 지혜, 자비심 등 건강한 마음 상태가 뒤따르는 것이 정상인데, 결과는 정반대다. 그건 괴로움의 뿌리를 잘못 짚었기 때문이다.

그렇다면 '나'는 어떻게 찾을 수 있을까? '나'는 구체적으로 어떤 모양을 하고 있을까? 『유식 30송』을 보면, 괴로움의 근본 뿌리인 '나'는 상대와 우열을 비교하는 생각(我慢), 자기중심적인 사랑(我愛), 자기는 영원히 존재하며, 의존한 존재가 아닌 독립한 존재라고 착각하는 그릇된 견해(我見), 그리고 자기가 진정 누구인지를 알지 못하는 무지(我癡)의 네 가지 형태로 작용한다고 했다.

그러니까 인간관계에서 갈등이 일어나고, 불편하고, 화가 나고, 뭔가 편하지 않은 마음이 일 때를 보면 '나'를 무시했다거나, 알아주고 대접해주지 않았다거나, 사랑해주지 않았다는 식의 화가 존재한다. 비록 그렇게 했더라도 내 방식대로 인정하고 사랑해주지 않았으면 그러지 않은 게 된다. 집성제는 바로 그와 같이 '나'를 드러내는 마음을 알아차리는 훈련이다.

화나는 마음, 불편한 마음, 분노하고 섭섭해서 괴로운 그 마음의 이면에는 반드시 '나'를 드러내고 내세우려는 마음이 좌절되고 손상되어 어쩔 줄 몰라 하는 에너지가 존재한다. 그러한 에너지를 알아차리는 것, 그것이 치유라는 관점에서 집성제를 훈련하는 방식이다.

집성제 2
안과 밖을 모두 보기

지금까지 개인의 내면세계에 초점을 맞추어 집성제를 치유라는 관점에서 살펴보았다. 이제 시선을 바깥으로 돌려보자. 인간관계, 사회, 지구라고 하는 더 큰 틀에서 집성제는 어떤 의미를 함축하고 있을까?

불교 수행에 대해 우리들이 가장 많이 오해하는 것 가운데 하나가, 마음 수행을 자신의 내면세계에 초점을 맞추는 것이라 믿고 바깥세계와의 관계를 등한시하는 것이 아닌가 싶다. 그것은 기본적으로 마음 작용에 대한 이해 부족에서 비롯된 태도다. 또 불교 수행이 궁극적으로 지향하는 연기(緣起)적 존재, 연기적 삶의 실현에 대한 이해가 부족한 탓이다. 마음은 반드시 그 대상을 의지해서 발생하기 때문에, 마음을 본다거나 마음을 알아차린다고 하는 말 속에는 이미 인식 주체와 대상이 함께 존재한다. 그래서 마음을 올바로 보기 위해서는 반드시 마음 안과 바깥의 대상을 함께 볼 수밖에 없다.

　내면세계에 치우친 사람은 현실감이 결여되고, 외부세계에 치우친 사람은 영적 성장에 장애가 있다. 이들은 모두 심리적 불안, 갈등, 긴장 등 건강하지 않은 마음 상태에 매몰되기 쉽다. 왜냐하면 외부가 부재한 내면은 과거의 산물일 뿐 현재와 미래를 보는 눈이 닫혀 있고, 내면이 부재한 외부는 허상이기 때문이다. 또한 그 두 세계 가운데 하나에 치우친 마음은 조화와 균형을 잃은 비중도적 상태여서 서로 단절되고 막혀 원활하게 소통하지 못한다.

　그 결과 내면에 치우친 사람은 자기중심적 성향을 갖게 되고, 본인의 의사와는 달리 남에게 상처를 주는 말, 행동, 생각 들을 서슴지 않는 모순을 낳는다. 반면 외부에 치우친 사람은 바깥 환경을 파괴하고 더럽히는 일에 더 많이 열중할 수 있다. 다시 말하면, 전자는 자신과 이웃의 정신세계를 더럽히고, 후자는 자신과 이웃이 살고 있는 물리 세계, 생태계를 더럽히는 경향이 있다. 그러니까 내면과 외부가 서로 소통하고 조화를 이루지 못하면 반드시 고통이 뒤따르고, 진정한 의미의 행복과 웰빙에 이를 수 없다.

　실제로 우리는 내면세계만 살피고 알아차리는 것으로는 고통에서 자유로울 수 없는 글로벌 세계를 살아가고 있다. 글로벌 세계에서는 지구 이 끝에서 일어나는 일이 지구 저 끝 사람들의 의식주 생활은 물론이고 정신세계에도 직접 영향을 끼친다. 갈수록 심각해지는 이상기후, 갖가지 범죄와 질병 등으로 인해 우리는 이제 개인의 고통을 넘어선 사회적, 집단적 고통에 시달리고 있다. 그러므로 내적, 개인적 행위를 넘어서 외적, 집단적 행위를 통해 고통의 근본 뿌리를 알아차리는 훈련은 선택이 아니라 필수다. 그리고 계율 역시 개인 수준을 넘어서 사회와 생태 관계 안에서 다시 생각해봐야 한다.

　외부의 관계를 통해 고통의 근본 뿌리를 알아차리는 훈련이란, '나'를 드러내서 사랑받고 인정받기 위해서 타인 또는 세상을 향해서 무슨 말과 생각과 행동을 하는지 알아차리는 것이다. 또 더 큰 집, 더 많은 돈, 더 높은 자리가 진정으로 필요한지, 아니면 '나'의 존재를 인정받고 드러내기 위해서 그런 것들을 원하는지를 알아차리는 것이다. 우리들의 집단적인 아만, 아애, 아견, 아치가 어떻게 우리들의 진짜 집인 지구와 생태계를 훼손하고 자원을 낭비하는지 자각하는 것이다. 나의 행동만이 아니라 우리들의 행동과 사회의 행동도 함께 알아차리고 자각하는 것이다. 이를테면 이제는 우리가 소비하는 제품이 소수의 주주와 특정인만을 살찌우는 것인지, 아니면 사회복지와 다수의 이익을 위한 투자와 생태계 보호에 노력을 기울이는 기업의 생산품인지를 구분하는 상식도 중요하다.

　내면세계와 외부세계의 조화와 소통을 향한 불교 수행을 우리는 사회참여불교 또는 현실참여불교라고 말한다. 탐욕과 화와 무지라는 세 가지 독(三毒)은 개인만을 피폐시키고 병들게 하는 것이 아니라 마음 밖의 세상도 똑같이 오염시키고 파괴하기 때문에 우리는 반드시 고통의 근본 뿌리를 마음 안과 밖, 세상, 자연과의 관계 속에서도 살피고 알아차려야만 한다.

멸성제 1

집착의 소멸이란?

집성제에서 괴로움의 밑바탕에는 반드시 '나'가 자리하고 있다고 했다. 그리고 그 '나'는 상대와 우열을 비교하는 생각(我慢), 자기중심적인 사랑(我愛), 자기는 영원히 존재하며, 의존한 존재가 아닌 독립한 존재라고 착각하는 그릇된 견해(我見), 그리고 자기가 진정 누구인지를 알지 못하는 무지(我癡)의 네 가지 형태로 작용한다고 했다. 유식 심리학에서 말하는 이 네 가지 근본 번뇌는 갖가지 질투와 미움과 화 등으로 마음을 들끓게 만들고, 사람 사이의 갈등과 범죄와 생태계 파괴 등을 불러오는 직접적인 원인으로 작용한다.

우리는 보통 괴로움의 뿌리인 집착을 놓으면 괴로움에서 해방될 수 있다고 생각한다. 그러나 그건 오해다. 그리고 놓을 수 있는 집착은 어떤 의미에서는 집착이 아닐 수도 있다. 왜냐하면 일단 시작된 집착은 괴로움의 근원이기도 하지만, 동시에 삶의 강력한 에너지로 작용하기 때문이다.

엄밀하게 보면, 집착의 전 단계에서 자각을 하여 애초에 집착이 생겨나지 않도록 해야 한다. 그러면 집착이 고통을 일으킨 단계에서는 어떻게 해야 하는가? 그 단계에서는 집착을 놓겠다고 씨름하기보다는 고통의 의미를 명상해야 한다. 그리하면 고통 속에서 기쁨을, 움직임 속에서 멈춤을, 집착 속에서 자유를 볼 수 있다. 다시 말해 번뇌가 곧 보리(菩提)라는 가르침을 실천하는 것이다. 사랑과 미움, 행복과 불행, 자유와 구속이 어떻게 서로 이어져 있는지를 살펴 이해하는 것, 이것이 바로 멸성제다.

고통의 크기가 감당할 수 있는 범위를 넘어서면, 괴로움의 원인인 '나'를 없앤다면서 자학이나 자살을 시도하는 사람도 있다. 또 그 '나'가 진짜 '나'가 아니라는 가르침의 진정한 의미를 오해하거나 아만의 뜻을 그릇되게 해석한 나머지, 불교 수행을 막 시작한 이를 절집 고양이보다 못하다는 식으로 모욕하고 함부로 대하는 사람도 있다. 하지만 괴로움의 원인을 제거한다는 멸성제의 올바른 뜻은, 집성제에서 알아차린 괴로움의 실체를 철저하고 분명하게 이해하고 깨닫는 것이다. 즉 우리가 생각하고 느끼는 '나'는 분명히 있지만, 그 '나'가 '형이상학적인 자아', 변화하지 않는 '고정된 실체'가 아니라 삶의 연속적인 경험으로 구성되는 '경험적 자아'라는 사실을 이해하고 깨닫는 것이다.

'나'가 괴로움의 근본 뿌리라고 해서 무조건 그 '나'를 부정하고 '무아'를 주장하는 것으로는 마음 치유가 일어나지 않는다. '나'의 실체가 물질적 형태, 느낌, 지각, 성향, 앎에 의해서 구성된 일종의 연속적인 정신-

신체적(psycho-physical) 흐름인 경험적 자아라는 사실을 통찰해야 한다. 다시 말해 우리의 눈, 귀, 코, 혀, 몸을 통해서 느껴지는 모양, 소리, 냄새, 맛, 촉감 들에 의해서 얼마나 자주 우리의 감정, 느낌, 기억, 생각 들이 생멸하는지 그 흐름을 통찰해야 한다. 또 그에 따라서 우리의 환경, 사회, 세계가 어떻게 함께 출렁거리며 변화하는지 알아차려야 한다. 그것이 괴로움의 원인을 제거하는 거룩한 길에서 해야 하는 훈련이다.

앞에서도 언급했듯이 우리는 더 이상 자신의 내면만을 살피는 것으로는 고통에서 자유로울 수 없는 세상을 살고 있다. 그러므로 '나'라고 하는 경험적 자아, 즉 우리의 감정, 느낌, 생각의 흐름들과 맞물려서 세상의 가치와 모양이 어떻게 바뀌는지도 알아차려야 한다. 쉬운 예로, 우리가 어떤 정치, 사회, 교육 이슈에 관심을 두고 어떤 연예인과 정치인에 주의를 기울이느냐에 따라서 우리 사회의 정치, 교육, 문화, 가치가 어떻게 달라지는지를 알아차려야 한다. 우리가 관심을 두는 인터넷 검색어, 드라마, 스포츠, 음식, 사람에 따라서 국가 정책이 바뀌고 상상을 초월하는 액수의 화폐 흐름이 바뀐다는 사실을 우리는 자각해야만 한다.

한마디로 멸성제는 '나'가 개인, 사회, 자연과의 연기적 흐름 속에서 어떻게 체험되고 드러나는지, 또 그 '나'에 대한 집착이 어떻게 연기적 흐름과 소통을 방해하는지를 자각하고 깨닫는 것이다.

멸성제 2

터치 앤 고
(Touch and Go)

     그러면 구체적으로 어떻게 하는 것이 연기적 흐름 속에서 '나'를 자각하고 깨닫는 것인가? 그건 접촉과 내려놓기, 즉 '터치 앤 고(Touch and Go)' 기법을 통해 가능하다. '터치 앤 고'는 내가 만든 '진아 만나기 프로그램'의 핵심 기법으로, 크게 두 종류로 구성되어 있다. 첫째는 눈, 귀, 코, 혀, 몸의 다섯 가지 감각기관과 마음이 각각의 대상과 접촉하는 것을 알아차리고 접촉된 대상에 이끌리거나 집착하지 않는 마음 기능을 훈련하도록 고안된 것이다. 둘째는 중도적 행동 양식을 훈련하는 것으로, 우리의 주의와 마음이 현재 순간을 벗어나서 특정한 대상에 장시간 머물러 있는 것을 방지한다. 아울러 접촉을 자각하는 훈련을 먼저 하고, 이어서 그러한 접촉에서 자유로워지는 마음을 훈련하기 때문에 현실감각을 상실할 위험이 없다.

지각 주체와 대상 간의 접촉으로 발생하는 경험을 자각하는 훈련이 결여된 채 무조건 내려놓기만 하는 전통 훈련 방식인 방하착(放下著)은, 자칫 현실감각을 상실하게 만들어 마음의 균형감각을 잃어버리는 부작용이 따를 수 있다. 그러나 일단 경험 내용을 자각하고 나서 그 경험을 내려놓는 '터치 앤 고'는, 경험과 그 경험에 대한 소유권을 투사하는 심리적 반응기제 사이에 방하착 훈련을 삽입하는 방식이다(더 구체적인 내용은 『나를 치유하는 마음 여행』(불광출판사, 2011)을 참고).

『육조단경』에 의하면, 혜능 대사는 『금강경』에 나오는 '응무소주 이생기심(應無所住 而生其心)', 즉 '머무르는 바 없이 그 마음을 낸다'는 구절을 듣고 크게 깨쳤다고 하는데, '터치 앤 고' 역시 머무르는 바 없이 그 마음을 내는 방법의 하나라고 이해해도 좋을 듯하다. 그런데 엄밀하게 보면, '머무르는 바 없이 마음을 낸다'는 우리말 표현은 의미 전달에서 문제가 있다. 왜냐하면 마음이 대상에 머물지 않고 일어나는 것은 사실상 불가능하기 때문이다. 마음이 발생하기 위해서는 아무리 짧은 순간이라도 인식 주체와 대상이 일단 접촉해야 한다.

그러므로 마음이 대상에 머물지 않고 일어나는 것은 이치상 맞지 않다. 그래서 우리는 보통 '응무소주 이생기심'의 뜻을 '뭐든지 집착하지 말고 마음을 쓰라'는 식으로 이해한다. 그러나 그런 식의 명료하지 않은 이해는 실천에 큰 도움을 주지 않기 때문에 마음을 치유하는 데 별다른 효과가 없다.

우리는 이미 발생한 병을 치유하는 것보다 병을 예방하는 것이 더 중요하고 쉽다는 것을 안다. 마찬가지로 이미 생겨난 집착을 내려놓는 것보다 집착이 생겨나지 않도록 사전에 대비하는 것이 더 중요하고 쉽다. 집착이 원인이 되어서 괴로움을 일으킨 다음에 괴로움을 자각하고 그 원인을 찾아서 제거하고자 하는 것은, 마치 암으로 고통을 받은 후에 암세포를 제거하려는 것과도 같아서 힘들고 어렵다. '터치 앤 고'는 고통의 근본 뿌리인 집착을 예방하는 방법으로, 고통이 발생하기 이전인 경험이 시작하는 단계부터 자각하고 알아차려서 고통을 예방하고 치유하는 기제로 작용한다.

'터치 앤 고'에서 '터치'를 유식적으로 설명하면, '터치'는 다섯 감각기관이 각각의 감각 대상과 접촉하는 순간을 자각하고 알아차리는 훈련이다. 아울러 그 접촉 순간에 발생하는 감각과 느낌과 감정, 그리고 그러한 느낌과 감정에 개입하는 네 가지 번뇌의 작용들에 대한 자각 훈련이다. 한편 '고'는 인식 주체와 대상의 접촉을 자각하는 순간에 발생하는 일종의 아집을 막는 브레이크다. 접촉 순간을 자각하지 못하면 우리는 우리가 경험하는 것들을 순간순간 생주이멸하는 연기적 식(識)의 흐름으로 인식하지 못한다. 그래서 주객이 함께 작용한 결과를 나의 느낌, 나의 감정, 나의 생각이라고 믿고 소유권을 투사하기 때문에 자신의 느낌, 감정, 생각을 변화하지 않는 고정된 실체인 것처럼 착각해 집착하게 된다. 그러므로 '고'는 앎, 경험의 연속성을 있는 그대로의 모습, 흐름으로 보도록 하여 경험의 무상성(無常性)과 무아성(無我性)의 실체를 유지하고 보호하는 일종의 장치로서 기능한다(무상성과 무아성에 대해서는 112~113쪽 참고).

종합하면, 멸성제는 크게 두 가지 의미를 갖는다. 하나는 고통을 자각하고 그 원인을 발견해서 제거하는 것이고, 다른 하나는 인식 주체와 대상의 접촉을 자각하고 그러한 접촉을 통해서 감각/느낌, 감정/정서, 생각/인지, 기억 등이 발생하는 과정을 알아차리는 '터치 앤 고'다.

도성제
고통에서 자유로워지는
여덟 가지 처방전

팔정도(八正道)는 우리가 마음의 경험에 집착하지 않도록 하는 더욱 근본적인 실천 방식으로서, 어떻게 보고 말하고 행동해야 하는지를 여덟 가지로 요약해서 제시하고 있다. 그것은 올바른 견해(正見), 올바른 사유(正思惟), 올바른 말(正語), 올바른 행위(正業), 올바른 직업(正命), 올바른 노력(正精進), 올바른 알아차림(正念), 올바른 고요함(正定)이다. 여기서 우리가 반드시 알아야 하는 가장 중요한 사실은 여덟 가지 실천 방식이 아니라 '올바른(正)'의 의미다. 왜냐하면 이 '올바른'에 대한 의미가 명료하지 않으면 아무리 애쓰고 노력해도 마음의 치유나 성장을 기대하기 어렵기 때문이다.

팔정도에서 '올바른'의 의미는 크게 미시와 거시의 두 수준에서 생각해볼 수 있다. 미시적 수준이 개인적이고 주관적인 내면세계에 초점을 맞춘 것이라면, 거시적 수준은 집단적이고 환경적이고 우주적이고 객관적인 외부세계와의 관계에 초점을 맞춘 것이다.

미시적 수준에서 '올바른'의 뜻은 일상의 정신 작용과 신체 행위를 할 때 네 가지 자아의식(아만, 아애, 아견, 아치)이 개입하고 작용하는 순간을 알아차리고 자각하라는 의미다. 밑바탕에 자아의식이 깔린 견해와 사유와 정진 등은 노력의 정도와 관계없이 해방과 자유를 향한 깨달음의 길이 될 수 없다. 오히려 노력하면 할수록 자아에 대한 무의식적 집착만 강해지고 보상심리가 작용하기 때문에 고통이 따르게 된다.

한편 거시적 수준에서 '올바른'의 뜻은 보고 생각하고 말하고 행동하고 노력할 때 연기(緣起)적 관계 속에서 하라는 의미다. 다시 말해 우리의 정신 작용과 신체 행위가 사회, 자연, 생태, 우주와의 상호의존관계에 끼치는 영향을 염두에 두라는 뜻이다. 만약 그렇게 하지 않는다면, 범죄와 이상기후, 생태계 파괴 등과 같은 집단적 고통을 그 대가로 치르게 되어 있다. 그런데도 우리는 지금껏 마음공부와 수행의 초점을 지나치게 개인적이고 내적인 세계에 맞추어온 경향이 있다.

어쩌면 이는 사회적 고통과 생태계 파괴가 개인의 고통과 불건강에 끼치는 영향 및 둘 사이의 연기적 관계에 대한 무지에서 빚어진 현상인지도 모른다. 그 결과 우리가 마음공부를 하고 수행을 하면 할수록 자기 세계에 매몰되어 사회와 지구 환경의 변화에 둔감하고 무지해져서, 종국에는 우리 자신에 대한 무지를 강화한 것인지도 모른다.

이제 시선을 돌려 '올바른'의 의미가 치유라는 관점에서는 어떤 가치를 지니고 있는지 생각해보자. 올바르지 않은 모든 정신적, 신체적 행위는 그에 따르는 크고 작은 고통을 유발한다. 미시적 수준에서는 네 가지 자아의식에 기초해서 이루어지는 모든 행위가 고통을 양산하고, 거시적 수준에서는 개인, 사회, 자연과의 관계나 상호의존하는 연기적 관계를 무시한 모든 행위가 고통을 유발한다. 그러므로 올바른 행동을 이끄는 팔정도는 고통을 예방하고 치유하는 처방제다. 크게 분류해서 여덟 가지 처방전을 제시하고 있지만, 실제 삶의 현장에서는 상황과 조건마다 셀 수 없이 많은 처방전들이 필요하리라 본다.

어떻게 살아야 고통에서 벗어날 수 있는가? 고통의 순간, 내면으로는 네 가지 자아의식을 자각하고 밖으로는 연기적 관계성을 자각해야 한다. 나아가서 '자아의식'이라는 색(色)안경을 '연기성'이라는 공(空)안경으로 바꾸어 끼는 노력을 해야 한다. 그래서 모든 것을 연기적 관계 속에서 보고, 생각하고, 말하고, 노력하고, 자각해야 한다.

더 나은 지구를
만드는 앎

불교에서 말하는 '근본 무지'란 바로 사성제를 올바르게 이해하지 못하는 것을 일컫는다. 고통 자체를 인식하고 그 원인을 제거하여 얻는 올바른 삶의 방식인 사성제에 대한 무지는, 지식이나 정보에 대한 무지와는 근본적으로 다르다.

정보나 지식의 결핍은 우리의 행복이나 생존 자체를 위협하지는 않지만, 사성제에 대해 무지하면 근본적인 위협을 경험한다. 예를 들어 괴로움의 진리를 알지 못하면 괴로움으로 가득 찬 쾌락적인 삶의 방식에서 행복을 찾으려고 하고, 그곳에 인생의 성공이 있다고 믿게 된다. 이를테면 많이 생산하고 많이 소비할수록 잘 사는 것이라 믿는 소비적인 삶에 빠져들 수 있는데, 그러한 그릇된 믿음이 우리들이 살고 있는 집, 즉 지구를 파괴한다. 왜냐하면 쾌락(소비)의 추구는 반드시 그 대상을 필요로 하는데, 그렇게 되면 그 대상은 파괴되고 손상을 입을 수밖에 없기 때문이다.

그리고 지구가 파괴되면 우리의 생존은 가능하지 않다.

  따라서 사성제에 대한 무지는 단순히 자신의 행복만을 파괴하는 것이 아니라 모두의 행복과 웰빙을 파괴하고 위협하는 주범이다. 그러므로 개인의 선택과 행위가 지구촌 사람 모두에게 영향을 끼치는 글로벌 시대를 살고 있는 우리들에게, 사성제에 대한 올바른 이해는 선택이 아니라 필수다.

3장

삼학

붓다의 가르침을 활용하는
세 가지 길

붓다의 가르침
활용법

붓다의 가르침을 자료별로 모아서 세 종류로 분류한 것을 삼장(三藏), 즉 경장(經藏), 율장(律藏), 논장(論藏)이라고 한다. 그리고 불교 공부란 이 삼장을 공부하는 것이다. 다시 말해, 붓다의 말씀인 경전(경장), 그 말씀을 잘 실천하기 위해서 행위의 준거로 삼아야 할 계율(율장), 말씀을 통합하고 체계화하고 심화하고 재해석해서 정리한 논서(논장)를 공부하는 것이다.

사성제와 마찬가지로 붓다의 가르침을 이해하고 실천하는 가장 기초가 되는 불교 수행 가운데 하나인 삼학(三學)은, 삼장의 전체 내용을 배우고 익히는 이의 입장에서 정리한 것이다. 부연하면 이 세 가지 공부를 통해 얻게 될 효과나 학습 주제에 초점을 맞춘 것이 바로 삼학이다.

우리는 누구나 사랑하면서 행복하게 살고 싶어 한다. 하지만 삶에는 예기치 않은 수많은 걸림돌이 있기 마련이다. 사성제를 설명하며 언급했듯이, 근본적인 행복은 이 걸림돌을 피해 가거나 없애는 데서 오지 않는다. 그보다는 이 걸림돌을 삶의 디딤돌로 바꾸는 데 행복의 비밀이 숨어 있다. 치유라는 관점에서 본다면, 삼장이란 행복을 위한 데이터베이스이고, 삼학은 그 데이터베이스를 활용하는 세 가지 기본 방식이다. 따라서 삼장을 삼학이라는 지침에 따라 적절하게 배우고 익힌다면, 행복한 삶에 걸림돌이 되는 것들을 디딤돌로 전환할 수 있을 것이다.

사람마다 처한 상황과 생각하는 바가 다르다. 그래서 불교 심리학에서는 붓다의 어떤 가르침을 수단으로 삼아 마음의 증상을 치유할 것인가는 사람마다 달리 정해야 한다고 본다. 불교에서 상황과 조건에 따라서 무려 천백억 가지가 넘는 방편이 있다고 하는 건 바로 이를 두고 하는 말이다. 삼학은 그 수많은 방편을 가장 단순하게 세 가지로 분류한 것이다. 따라서 치유라는 관점에서 보면 삼학 수행은 수많은 심리 치료의 근본 바탕이 된다.

계 1
고정불변하는 계란 없다

계(戒)는 수행하는 자가 반드시 닦아야 하는 근본 수행, 또는 삼독을 다스리는 바른 수행으로서 삼학 가운데 첫 번째다. 흔히 계는 악행을 그치고 선을 행하는 자발적인 도덕 행위인 반면에 율(律)은 교단에서 지켜야 하는 강제 규율로 정의된다. 계는 수행하는 주체에 따라서 5계, 10계, 250계, 348계 등 다양하게 있다. 그런데 팔정도의 핵심이 '올바른(正)'의 의미를 분명하게 파악하는 일이듯, 계의 핵심도 무조건 지키는 것이 아니라 '올바르게' 지키는 것이다.

계에서 올바름이란 선(善)하고 건강한 의도와 동기를 의미한다. 불선(不善)하고 건강하지 않은 의도로 지켜지는 계는, 마치 무조건 가르치는(敎) 일에만 몰두한 나머지 그 가르침이 실제로 피교육자를 성장시키는지(育), 아니면 역효과를 일으켜서 도리어 성장을 방해하는지를 전혀 고려하지 않는 것과 같다.

그렇다면 선하고 건강한 의도와 동기는 구체적으로 무엇을 의미하는가? 그것은 우리들의 정신 특질 가운데 탐욕, 화, 어리석음, 질투 등과 반대되는 고귀한 정신들, 즉 자애, 연민, 사랑, 용서, 인내, 책임감, 내면의 조화로움 등 자신과 이웃의 행복과 성장을 북돋우는 의도와 동기를 말한다.

반면 불선하고 건강하지 않은 의도와 동기는 탐욕, 화, 무지라는 세 가지 독에 바탕을 둔 계행(戒行)을 의미한다. 그리고 네 종류의 자아의식, 즉 아만, 아애, 아견, 아치를 밑바탕에 깔고 하는 행위를 말한다. 왜냐하면 그와 같은 낮은 차원의 동기를 따라 지키는 계는 자신과 이웃을 위해 궁극적으로 아무런 유익함을 줄 수 없기 때문이다. 오죽하면 보조 지눌 국사가 계를 지키고자 할 때는 '선지지범개차(先知持犯開遮)', 즉 '계를 지키고 파하고 열고 닫을 줄을 먼저 알아'고 했겠는가.

치유라는 관점에서 보면, 불선하고 건강하지 않은 의도에서 행해지는 계는 자신과 이웃의 몸과 마음에 괴로움과 병을 유발한다. 그러한 계행을 실천하는 사람들은 칭찬과 인정을 구하고 보상을 기대하기 때문에, 그에 상응하는 결과가 주어지지 않으면 무의식적으로 화와 적개심이 마음을 채운다. 또한 그들의 내면은 자신과 동일한 방식으로 행동하지 않는 이들을 향한 미움과 비난, 자만으로 출렁이게 된다. 그래서 불선한 의도로 계를 지키는 이들에게서는 자애로움, 연민, 친절함, 겸손 등의 고차원적 정신 특질들이 결여되어 있다.

    한편 선하고 건강한 의도로 지키는 계는 몸과 마음의 기쁨과 성장을 북돋운다. 왜냐하면 그러한 계행을 하는 이들의 의도와 동기는 온통 자신과 이웃에게 유익과 행복을 가져다주는 일에 집중되어 있기 때문이다. 뿐만 아니라 그들에게 계는 타자의 웰빙과 밀접하게 관련되어 있다. 그래서 선한 의도로 계를 지키는 이들은 평화롭고 따뜻한 기운을 풍긴다. 그들에게서 풍기는 계의 향기는 세상을 정화하고 타인에게서 선한 마음을 불러일으킨다.

    우리는 조건 지어진 모든 것은 무상하며 상대적이고 연기적이라는 것도 알고 있다. 그러므로 진실하고 유익한 계는 시간과 공간의 제약을 받는다. 시간과 공간, 상황과 조건에 맞게 변화하지 않고 고정된 계는 무지와 집착의 산물일 뿐이다. 물처럼 흐르지 않고 고착된 계는 향기를 담고 있지 않다. 부드럽게 휘지 않는 딱딱한 계는 무지의 다른 모양일 뿐이다.

    그렇다면 우리는 어떻게 선하고 건강한 의도에 바탕을 두고 치유를 위한 계행을 실천할 수 있을까? 계를 행하는 순간을 자각하면 된다. 자각이 동반하지 않는 계행은 충동적이고 반사적인 행동이며, 습관과 조건에 따른 반응에 불과하다. 자각이 함께하는 의도만이 우리를 더 건강하게 성장하는 세계로 인도할 수 있다.

계 2
자비를 먼저
생각하는 마음

　　　　　　불교 공부를 하다 보면 가끔씩 과거에 영어를 공부하던 때가 생각난다. 관계대명사니 관계형용사니 하면서 실컷 어렵게 공부하고 죽도록 외워서 책 한 권을 떼고 나서도 정작 영어로 말 한 마디 못하고, 얻은 것이라고는 영어에 대한 좌절과 콤플렉스뿐이던 시절이 있었다. 왜였을까? 그건 영어 공부의 궁극 목적을 망각했기 때문이거나, 영어가 의사소통을 위한 수단이라는 단순한 사실을 알지 못했기 때문이다.

　　비슷하게 우리 가운데 더러는 계율이 왜 필요하고 그 궁극 목적이 무엇인지 알지 못하기 때문에, 마치 계행을 영어 공부 하듯이 힘들게 억지로 지키는 경우도 있다. 계율의 진정한 의미를 알지 못하면 우리는 자칫 우리 시대의 기본 상식과 교양에도 미치지 못하는 우스꽝스러운 규칙들을 붙들고 버리지도 지키지도 못하는 어정쩡한 입장에 처할 수도 있다. 하지만 이미 유행이 지난 낡은 헌 옷가지를 붙잡고 버리기 아까워해봐야 결국 입을 수는 없다.

그러면 어떤 계율이 우리 시대의 상식과 교양에 미치지 못하는, 유행이 지난 낡은 헌 옷가지와 같은가? 계율에 명시된 바에 따르면, 비구니(여성 승려)는 348계를 지켜야 하고 비구(남성 승려)는 250계를 지켜야 한다고 되어 있어, 남성보다 여성의 행동에 더 많은 제약을 가하고 있다. 물론 이러한 계율 항목 수 차이는 붓다 당시 여성을 억압하기 위해서라기보다는 여성의 특성을 고려하고 배려한 데서 생겨났으리라 짐작된다. 그러나 비구니에게 지워져 지금도 여전히 적용되는 계율 가운데는, 시대가 변하고 계를 지키는 행위 주체가 바뀌었기 때문에 사라져야 할 무익한 내용들이 존재한다.

과거 관습과 가치, 문화에만 적용되는 조항들 역시 버려야 할 헌 옷가지다. 이러한 조항들은 한정된 지역과 대상에만 해당하거나, 특정한 계층과 집단을 옹호하거나 차별하는 저급한 문화, 가치, 관습의 산물이다. 또한 시간과 공간에 연기적으로 반연하고 무상(無常)의 진리를 따르지 않는 조항들에 집착하는 특정 부류가 아만, 아애, 아견, 아치라는 네 가지 자아의식에 빠져들도록 조장하고, 그 자아의식을 강화하도록 부추긴다.

계율은 자애, 연민, 사랑, 용서 등과 같은 고귀한 영적 특질을 촉진하고 배양하고자 하는 의도와 동기에서 비롯되었다. 나아가 자신과 이웃의 행복과 성장과 웰빙을 추구하는 것이 계율의 궁극 목적이다. 다시 말하면 계율은 자신과 이웃의 불행과 불건강을 유발하는 요소들과 행복과 건강을 유발하는 요소들이 무엇인지를 배우고 그 배움을 일상의 삶에서 실천하는 것이라 할 수 있다. 이 실천 수행은 우리의 행동, 말, 생각을 수술하여 극적인 치료 효과를 낳는다. 그래서 치유라는 관점에서 보면, 계율은 그 자체로 완벽한 치유 수단이다.

　계행을 닦는 근본 목적은 따뜻하고 공경하는 말과, 어질고 자애로운 성품과, 연민심을 배양하는 것이다. 그러한 계율의 근본 뜻을 알지 못하고 사회의 도덕과 상식을 무시한 채 관습과 전통만을 강조한다면, 계율에 따른 금욕은 무리한 억압이 되어 도리어 말과 생각이 거칠어진다. 그렇게 되면 비록 스스로 선택해서 지키는 계행이라 할지라도 스트레스를 낳을 것이고, 그 스트레스는 다시 병이 되어 주변을 힘들고 병들게 하는 원인으로 작용하게 된다.

　계행이란 무조건 힘들고 어렵게 지키거나 모셔야 하는 그 무엇이 아니다. 그렇게 행하는 계행은 고요함의 향기(定香)와 지혜의 향기(慧香)를 불러일으키지 못한다.

　오직 시절인연에 반연하면서 네 가지 치성한 자아의식을 내려놓으려는 올바른 의도와 노력으로 행하는 계행만이 자신과 이웃에게 신선함, 기쁨, 정화된 마음, 평화로움을 전달한다는 사실을 명심해야 한다.

정 1
자아의식이 멈추면 고요함이 찾아든다

삼학의 두 번째 수행인 정(定)은 마음을 한곳에 집중하여 움직이지 않는 안정된 마음 상태를 말한다. 산스크리트로는 사마디(samādhi)이고 음역해서 '삼매(三昧)'라고 한다. 한편 선(禪)은 삼매에 도달하기 위해서 마음을 한 대상에 집중하는 수행을 뜻한다. 산스크리트로 드야나(dhyāna)이고 이를 음역해서 선나(禪那)라고 한 것을, 한 글자로 줄여서 '선'이라고 한다.

보통 선과 정, 즉 드야나와 사마디를 합친 선정(禪定)을 삼매와 동일한 의미로 사용하고, 선정을 줄여서 정(定)이라고 한다. 선정을 얻기 위한 수행법을 흔히 멈춤(止), 정념(念), 선정명상 또는 집중명상이라고 하는데, 이는 주의를 한곳에 집중하고 유지하여 고요하고 평온한 흔들리지 않는 마음 상태를 경험하고 계발하는 것이다.

삼학의 첫 번째인 계는 일상생활 속에서 건강한 심리 상태를 유발하는 행동과 건강하지 않은 심리 상태를 유발하는 행동을 구분한다. 그런 다음 건강하지 않은 생활 습관에 대한 주의와 조절 및 통제 능력을 향상시켜 건강한 생활 습관으로 바꾸고 교정하는 일에 관여한다.

반면 정은 일상생활 속에서 내면과 외부의 대상들에 끊임없이 주의를 빼앗겨 산란하고 복잡하고 불안정한 마음을 안정시키고 가라앉히기 위한 방법으로, 특정한 대상에 주의를 집중하는 명상법이다. 그러므로 심리 치료 관점에서 볼 때, 정은 불안하고 혼란한 마음에 정서적 안정을 가져다주고, 나아가 감정과 정서를 조절하는 능력을 향상시킨다. 그 결과 혼란한 감정과 정서가 초래하는 주의 조절 능력과 집중력 결핍이 예방되고, 대상을 있는 그대로 바라볼 수 있는 객관적이고 합리적인 관점과 사고 능력이 길러진다.

그런데 우리가 선정 수행을 잘 닦아서 어지럽고 산란한 정서가 멈추어 고요해졌다는 것이 구체적으로 어떤 의미일까? 어떤 이는 감정과 정서가 고요해졌다는 것만으로 충분하지 더 이상의 설명이 필요하겠느냐며 고개를 갸웃거릴지도 모른다. 하지만 감정과 정서는 어디까지나 마음의 표면에서 일어나는 현상을 묘사하는 용어에 불과하다. 표면 안에 마음 뿌리가 따로 있기 때문이다. 부연하면, 감정과 정서는 의식 수준에서 일어나는 마음 표면의 현상이고, 그보다 더 깊은 곳에 감정과 정서를 불러일으키는 장본인이 따로 있다.

유식 관점에서 보면 감정과 정서의 일차적 뿌리는 자아의식이다. 자아의식의 작용에 대해서는 이미 앞에서 거듭 언급했지만, 그래도 모든 고통과 갈등의 근원이 자아의식과 관련되어 있기 때문에 거듭 설명해도 지나치지 않다. 선정 상태, 곧 삼매 상태에서 마음이 움직이지 않고 멈추었다는 의미는 바로 이 자아의식(제7 마나식)이 움직이지 않고 멈추었다는 뜻이다. 즉 아만, 아애, 아견, 아치의 네 가지 작용이 그쳤다는 뜻이다.

간화선 수행이 기본 교리에 관한 공부가 부족한 상태에서 최고의 경지인 '일초직입여래지(一超直入如來地)', 즉 '한 번에 바로 여래의 경지에 도달하기'를 목표로 삼는 것을 비판적으로 보는 이도 있다. 하지만 치유라는 관점에서 보면, 어렵고 복잡한 교리 공부가 반드시 필요한 것은 아니다. 네 가지 자아의식을 내려놓는 데 공부가 필요조건이 아니라는 뜻이다.

또한 선정 수행 과정에서 감정과 정서의 변화 상태를 굉장히 세밀하게 일일이 알아차리는 과정을 반드시 거쳐야만 네 가지 자아의식이 멈추는 것도 아니다. 오히려 감정과 정서의 뿌리가 자아의식이라는 사실을 알지 못한 채 그들의 변화 상태에만 매달린다면, 목적 없이 헤매는 위험에 직면할 수도 있다.

감정과 정서 상태를 자각하는 일은 정서 변화의 과정을 추적하고 규명하는 것을 최종 목표로 삼지 않는다. 자아의식의 작동을 멈추어 우리 존재의 실상인 연기적 삶과 관계를 실현하는 것이야말로 이 수행으로 다다라야 할 궁극의 지점이다.

장 2

진정한 자유는
있는 그대로 보는 것

　　　　　　　　선정 수행이 치유 효과를 내기 위해
서는 정서와 감정의 뿌리가 아만, 아애, 아견, 아치의 네 가지 자아의식이
라는 사실을 분명하게 알 필요가 있다. 또한 선정 수행의 궁극 목적이 정
서와 감정의 고요함이나 편안함을 넘어서 자아의식의 작용을 멈추는 것
이라는 사실도 알아야 한다. 이는 선정 수행의 의미와 가치가 우리 마음
의 거울을 깨끗하고 맑게 닦아서 현상을 있는 그대로 비출 수 있도록 하
는 데 있음을 뜻한다. 왜냐하면 우리의 탐욕과 화와 어리석음은 현상을
왜곡하거나 투사하여 마음 거울에 뒤틀린 상이 맺히도록 하기 때문이다.

　그러면 치유라는 관점에서 위의 사실은 어떤 의미를 갖는가? 우리는
흔히 선정 수행의 궁극 목표가 주관과 객관의 구분이 끊어진 적멸 상태,
즉 삼매 체험에 있다고 들어왔다. 그런데 만일 그와 같은 삼매 체험이 일

상의 삶에서 더욱 원만한 인간관계를 맺고 조화로운 행동을 하는 데 보탬이 되지 않는다면 대체 무슨 유익이 있겠는가? 따라서 우리는 자아의식이 작용을 멈추어 보고 듣고 지각하고 아는 것에 집착하는 마음을 일으키지 않는 삼매 체험이, 이후에 일상의 삶과 인간관계에 어떻게 전이효과를 일으키는지 살펴봐야 한다.

그런데 자아의식은 왜 나쁜가? 그리고 자아의식이 작용하면 구체적으로 어떤 일이 일어나는가? 대주 혜해(大珠慧海) 선사의 일화를 떠올려보자. 어느 날 한 율사가 대주 선사에게 수행의 효용이 무언지 물었다. 선사가 답하기를, 보통 사람들은 밥 먹고 잠자면서 온갖 잡생각을 다하지만, 자신은 밥을 먹을 때는 그저 밥을 먹고 잠을 잘 때는 그저 잠을 잘 뿐이라고 했다. 여기서 잡생각은 일종의 자아의식이다. 자아의식이 작동하면 우리는 일상에서 일어나는 갖가지 경험을 있는 그대로 체험하지 못하고 그 경험에 소유권을 투사해서 나의 경험, 나의 생각, 나의 느낌이라고 주장하며 집착하게 된다. 그래서 생각이 다르고 견해가 다르다는 이유로 갈등하고, 그것이 지나치면 미워하고 분노한다. 그 결과 우리의 경험은 있는 그대로의 신선함을 잃고 색이 바래서 더 이상 지금-여기(now and here)의 경험은 존재하지 않게 된다.

심지어 자아의식은 우리가 사랑할 때도 그냥 사랑만 하도록 내버려 두지 않는다. 사랑하고 사랑받는 체험은 우리에게 세상을 다르게 볼 수 있는 힘과 존재감의 극치를 가져다줄 뿐만 아니라, 삶은 고통이 아닌 선물임을 깨닫게 해준다. 그런데 자아의식이 작동하면 사랑의 대상에 매달리게 되어, 사랑은 사라지고 소유권과 집착만 남는다.

이처럼 자아의식은 체험을 체험으로 두지 않는다. 체험의 다양성은 그 자체로 신선하고 고유하기 때문에 호기심을 자극하고 창의적이다. 그런데 자아의식은 우리의 다양한 체험과 경험, 그리고 그 대상을 분별하고 비교해 우열을 가려서 열등감과 우월감을 조장한다. 또한 옳고 그름의 흑백논리에 사로잡혀 비난, 칭찬, 인정 등 온갖 감정의 소용돌이에 휩싸이게 만든다.

선정 수행은 그러한 감정의 소용돌이를 고요히 잠재우고, 출렁이는 마음의 틈새로 드러나는 자아의식의 존재를 조금씩 알아차리도록 돕는다. 그리고 그 모양이 완전하게 드러나고 선명해지는 순간, 우리는 마침내 감정에서 자유로워진다. 그리하여 선정 수행이 현실에서 멀어지는 것이 아니라 오히려 온 마음, 온몸으로 자아와 현실을 받아들여 초월하도록 돕는다.

정 3

지나친 내면 몰입은 독이다

　선정 수행이 자칫 내면에 몰입되면, 마음 외부와 단절되거나 무지에 빠져드는 부작용을 초래할 수 있다. 우리 가운데 더러 사회와 세상 돌아가는 일에 무관심하고 무지한 것과 선정 수행을 동일시하는 이가 있기도 하다. 그렇게 된 데는 무엇보다 삼매 체험에 대한 오해가 큰 영향을 끼쳤다. 즉 삼매 하면 일단 뭔가 신비한 의식 상태를 제일 먼저 떠올리는 것이다.

　물론 인식 주체와 대상으로 나뉜 이원적 지각을 바탕으로 한 평소의 의식과 달리 주체와 대상이 하나 되는 경험은 신비한 심리 상태를 분명히 유발할 것이다. 하지만 그런 상태가 수행의 목적은 아니며, 내면 세계를 열정적으로 추구하여 오랫동안 현실 세계를 망각하거나 건성으로 대해도 좋은 것은 더더욱 아니다. 왜냐하면 올바른 선정 수행은, 어떤 방법을 취하든 간에 결국은 현실을 더 정확히 객관적으로 바라보고 이해할 수 있는 능력을 길러 현실의 삶에 더욱 충실하게 임하도록 하기 때문이다.

이미 언급했듯이, 심리 치료 관점에서 정(定)은 불안하고 혼란한 감정과 정서를 자각하고 조절하는 능력을 향상시켜 마음에 안정을 가져다주는 역할을 한다. 그 결과, 혼란한 감정과 정서가 초래하는 주의 조절 능력과 집중력 결핍이 예방되고, 대상을 있는 그대로 바라볼 수 있는 더욱 객관적이고 합리적인 관점과 사고 능력이 길러진다.

그러므로 제대로 된 선정 수행은 현실과 동떨어진 이상 세계에서 살게 하는 것이 아니라 지극히 현실적이고 행복한 삶을 사는 데 결정적으로 필요한 능력을 배양하도록 돕는 것이다. 왜냐하면 행복한 삶과 웰빙, 성공적인 대인관계를 위해서는 정서와 감정을 조절하는 능력과 스트레스를 관리하는 능력이 절대적으로 요청되기 때문이다.

그렇다면 열심히 선정 수행을 닦은 결과, 현재 세상이 어떻게 돌아가고 있는지에 대해 둔감해지고 앞으로 어떤 세상이 전개될 것인지를 전망할 수 없게 되었다면, 그건 무엇 때문인가? 혹시 제대로 된 수행법을 따르지 않았거나, 수행의 효과와 목적을 잘못 설정했기 때문 아닐까. 이웃과 세상과 현상에 무지한 사람이 자기 자신을 진정으로 잘 아는 것이 과연 이치적으로 가능한 일인가? 그게 가능하다면 선(禪) 수행 과정을 그린 심우도(尋牛圖)를 주객이 하나가 되는 8단계에서 끝냈지, 굳이 세상 속으로 돌아가는 9단계와 10단계를 설정할 필요가 없었을 것이다. 참고로 심우도는 선에서 깨달음을 얻어가는 과정을 목동이 잃어버린 소를 찾는 과정에 비유해서 10단계로 설명한 그림이다.

자아의식은 일상의 인간관계와 생활 속에서 가장 활발하게 작용하기 때문에, 자아의식의 멈춤을 훈련하는 선정 수행은 일상에서 하는 것이 가장 효과적이다. 물론 때로는 일정 기간 복잡한 현실을 벗어나 고요하고 격리된 공간에서 깊이 집중하는 것도 매우 좋다. 그러나 만일 너무 오랫동안 마음의 외부인 현실 사회를 등한시한 채 내면에만 집중한다면, 마음에 심각한 불균형을 초래할 수도 있다.

왜냐하면 우리가 내면세계만을 지나치게 오랫동안 주시하면, 자연스럽게 주의를 받지 못하는 현실 사회에 대해서는 무지(부주의 맹점, inattentional blindness)하게 되기 때문이다. 그렇게 되면 현실 사회의 변화를 알아차리지 못하여, 우리가 진정으로 성취하고자 하는 지금-여기에 머물지 못하는 결과를 초래할 것이다.

나아가 종국에는 현실감각이 결여되고, 시간과 공간이라는 조건에 조화롭게 대처하지 못하는 어리석음에 빠져 위험에 직면할 수도 있다. 선정 수행이 궁극에 실현하고자 하는 연기적 머무름, 연기적 삶의 방식을 깨닫고 실현하기 위해 우리는 내면세계와 외부세계가 서로의 거울이 될 수 있도록 양자를 평등하게 바라보는 훈련을 잊지 말아야 한다.

혜 1

지혜 vs 지식

~

　　　　　　　　삼학의 세 번째 수행인 혜(慧)는 지혜(智慧)의 준말로, 산스크리트 프라즈냐(prajñā)를 번역한 말이다. 그리고 prajñā를 소리 나는 대로 옮긴 말이 반야(般若)다. 알다시피 지혜는 자비와 함께 대승불교가 추구하는 양 날개로서 수행의 절대 영역을 차지한다.

　마음 수행에서는 흔히 지혜를 지식(知識)과 구분해서 지식을 분별적 앎 또는 알음알이로, 지혜를 존재의 본질에 대한 깨달음이자 진정한 앎으로 여겨왔다. 그래서 우리는 알게 모르게 지혜의 성취와 깨달음이 지식보다 우월하다는 생각에 사로잡혀 오랫동안 지식 추구를 경시하고 등한시해왔다. 그 결과 우리가 얼마나 지혜로워졌는지는 알 수 없지만, 지식 결핍으로 우리 모두가 상대적으로 무식해졌다는 사실은 부인하기 어려울 것이다.

　그런데 과연 무식하면서 동시에 지혜로울 수 있는가? 지식과 지혜는 상반한 것이어서, 지식 추구는 지혜를 성취하는 데 정말로 걸림돌이 되는가? 어쩌면 우리는 너무 오랫동안 지식과 알음알이를 혼동해왔는지도 모른다. 사전에는 지식이 '경험, 교육, 이치를 통해서 얻어지는 사람, 사물, 상황에 대한 이해와 친숙함'이라고 정의되어 있다. 지식은 경험으로 갈고 닦은 기술이나 전문성, 대상을 이론으로 이해하는 것 둘 다를 포함한다. 그러니까 지식은 우리가 재활용할 수 있는 정보와 기술 등을 포괄해서 지칭할 때 사용하는 말이다.

지식에 대한 이러한 정의를 보면, 지식은 우리가 현실을 살아가는 데 반드시 필요한 능력임이 분명하다. 플라톤은 지식을 "정당화된 진짜 믿음"이라고 정의했다. 그 믿음이 지나쳐서 집착이 되면 지식의 편리함이나 유용함은 해악으로 변질되기도 한다. 그리고 지식에 대한 지나친 의존과 맹신, 지식 성취에 대한 아만심은 역으로 무지와 불행을 초래하는 결과를 가져온다. 그렇다고 지식을 지혜 습득을 방해하는 장애물로 취급하거나 지식의 가치를 무시한다면, 그 역시 또 다른 극단이 아닌가 싶다.

그렇다면 알음알이란 무엇인가? 그것은 지식을 습득하는 과정에 아만, 아애, 아견, 아치의 네 가지 자아의식이 개입하여 객관적 사실과 현상을 왜곡하는 작용이다. 논쟁을 위한 논쟁이고, 이론을 위한 이론일 뿐 실제 삶의 현장에서 도움을 주지 않는다. 오히려 갈등과 긴장과 미움 같은 건강하지 않은 심리 상태를 유발하는 것이 바로 알음알이다.

우리가 삶을 경험하고 체험하는 방식에는 크게 두 가지가 있다. 첫 번째는 추론, 비교, 판단, 분석 등의 인지/지각 과정을 통한 이해와 앎이고, 두 번째는 직관과 통찰 등을 통한 직접적인 앎이다. 전자는 주객 이원론에 기초한 좌반구적, 이론적, 합리적, 분석적, 언어적 지식의 세계고, 후자는 주객의 경계가 사라진 우반구적, 경험적, 직관적 신체 감각 바탕의 지혜, 깨달음의 세계다. 또 전자는 타인에게 전달이 가능한 반면, 후자는 직접적이고 즉각적인 체험이기 때문에 전달이 불가능하다. 말할 것도 없이 삼학의 세 번째 수행 방식인 혜는 후자를 추구한다.

그런데 우리가 마음 수행을 통해 얻고자 하는 주객의 경계가 사라진 우반구적, 직관적 앎의 세계만으로 일상을 감당하기는 현실적으로 불가능하다. 교육과 사회생활을 통해서 얻은 좌반구적, 합리적, 분석적, 추론적 능력도 현실의 삶을 위해서는 반드시 필요하다.

유식론 관점에서 보면 우반구적, 직관적, 통찰적 지혜를 얻는 데 치명적인 걸림돌은 지식이 아니라, 그 지식을 습득하는 과정에 개입하는 자아의식이다. 자아의식이 멈춘 상태가 선정의 극치인 동시에 혜의 출발점이 아닌가 생각해본다.

혜 2

앎의 방식엔
우열이 없다

　　　　　　　　　　자아초월 심리학자인 윌리엄 브로드(William Broad)가 말했듯이, 앎에는 앞에서 설명한 두 가지 방식 외에도 사랑, 자비, 공감에서 오는 공명, 감정 이입 등을 통한 앎과, 알지 못함을 통한 앎이 있다. 특히 대승불교는 자비 실천을 통한 앎을 강조하고, 선(禪)은 알지 못함을 통한 앎을 강조한다.

　　마음 수행을 하는 사람들 가운데는 이상의 세 가지 앎의 방식에 대한 이해가 부족하거나 개인의 욕구가 너무 강해서, 어느 한 가지 앎의 방식에 치우치거나 집착하는 이가 있다. 그런 경우, 진정한 의미의 지혜는 성취되지 않는다. 지성과 인격을 두루 갖춘 전인적 인간으로 살아가기 위해서는 세 가지 앎의 방식이 통합적으로 작용해야만 하기 때문이다. 쉽게 말해서 몸과 말과 뜻(身口意)을 모두 바르게 닦고 여덟 가지 올바른 길(八正

道)을 실현하기 위해서는 이들 방식이 골고루 필요하다는 이야기다.

　더러는 마음 수행을 지도하는 스승조차도 지식과 앎음앎이를 혼동한 나머지 첫 번째 앎의 방식을 배척한다. 또 어떤 스승은 두 번째 앎의 방식에 골몰한 나머지 세 번째 앎의 방식 자체를 망각하고 만다. 그 결과 제자들에게 비효율적이고 비현실적인 교육을 펼쳐 더디게 성장하도록 한다. 이보다 더 심각한 경우는 자신의 앎음앎이를 지식이나 지혜, 심지어는 자비와 혼동하고 착각하는 스승이다. 그러한 스승은 지식을 습득할 때 네 가지 자아의식을 동원하여 경험을 아집으로 왜곡하고 뒤틀리게 해석하여 적용한다.

　마음 수행을 지도하는 스승은 세 가지 앎의 방식에 익숙해 있어야 하며, 수행을 통해서 이들 앎의 방식을 충분히 체험하고 실천한 사람이어야 한다. 그래야만 제자들의 특성과 잠재력을 고려하여 상황과 조건에 따라 필요하고 적절한 방식을 균형 있고 조화롭게 적용하고 훈련시킬 수 있기 때문이다.

　치유라는 관점에서 보면, 깨달음을 구하는 수행자는 물론이고 그 누구라도 위의 세 가지 앎의 방식을 골고루 조화롭게 훈련하지 않는다면 모자란 인격, 지혜와 깨달음의 한계를 드러내게 된다. 그리하여 우리 인간이 간직한 더 고귀하고 높은 정신 특질에 도달할 수 없게 된다. 그 결과 자신이 집착하는 앎의 방식은 곧 자신이 존재하는 방식이 되고, 그것은 다시 행동 반응 양식을 결정짓는 동기가 된다. 그리하여 오직 자신의 방식만을 고집하고, 다르게 알고 존재하고 행동하는 이들을 수용하거나 그들과 조화를 이루지 못하여, 갈등과 반목과 미움을 키우게 된다.

우리는 또한 이 세 종류의 앎의 방식 간에는 우열이 없다는 사실을 명심해야 한다. 우리는 일찍이 지식보다는 지혜가 더 중요하다고 배워왔다. 그러나 그건 상대적 가치로, 지식 추구에 치우친 이에게는 지혜 추구가 필요하다는 의미, 혹은 지혜 추구에만 몰두하는 이에게는 지식 추구가 필요하다는 의미다. 자비 실천을 통한 앎이나 알지 못함을 통한 앎의 방식에 집착한 이에게는 앞의 두 가지 앎의 방식이 필요하다. 세 가지 앎의 방식은 서로 없어서는 안 되는, 상호의존하고 공생하는 사이다. 치우침은 반드시 앎의 한계, 존재의 불안, 건강하지 못하고 조화롭지 못한 행동을 유발하고, 그것은 다시 인간관계의 긴장과 갈등, 고통을 야기하는 원인이 되기 때문이다.

세 종류의 앎의 방식은 어느 것이 더 좋고 더 나쁘거나, 더 필요하고 덜 필요한 것이 아니다. 이들 앎의 방식이 상황과 조건에 맞게 적절하게 작용하면서 조화와 통합을 이룰 때 우리는 진정한 연기적 삶을 실천할 수 있다. 이들의 부조화나 치우침에 바탕을 둔 자비나 사랑의 실천은 그만큼 불완전할 수밖에 없을 것이다.

혜 3

몸을 떠난 깨달음은
존재하지 않는다

　　　　　　　　　　신체 감각을 통한 앎은 세 가지 앎의
방식 가운데 두 번째 방식인 직관, 통찰에 해당한다. 이는 몸으로 아는 앎
은 추론이나 판단 등의 인지/지각 과정을 거치지 않고 곧바로 아는, 언어
이전의 직관적 앎이라는 뜻이다. 그런데 선정 수행을 하는 사람들 가운데
는 신체 감각을 통한 앎을 등한시하는 사람이 더러 있다. 뿐만 아니라 어
떤 이들은 수행과 신체 학대를 착각하기도 한다. 그들은 몸과 마음의 기
능을 혼동하거나, 몸의 건강과 유지를 위한 정상적인 반응을 비정상적이
고 건강하지 않은 것으로 오해한다.

　　예를 들면 성(性) 충동 속에는 애정 결핍, 사랑과 인정에 대한 욕구, 스
트레스 등 심리적 요인의 깊숙한 개입이 있는데, 그들은 그것을 순전히
마음이 아닌 몸의 생리적 욕구 탓으로 돌린다. 그래서 몸을 무시한다. 이

는 마치 자신의 억압된 성 충동에 위협을 느낀 남성이, 여성이 자기를 유혹한다고 투사하고 착각해서 여성을 무시하고 함부로 대하는 것과도 같은 원리다. 또 이들은 잠을 마구니라 부르면서 쫓아내려고만 애쓴다. 하지만 수면 욕구는 『유식 30송』에 의하면 그 자체로 선(善)도 불선(不善)도 아닌 중성적인 것이며, 생리적으로 보면 건강 유지를 위한 정상적인 필요이고, 선지식들은 잠이 오면 자고 배고프면 먹는다고 했다. 잠을 마구니라 부르며 멸시하는 건, 고도의 집중 혹은 몰입이 잠자는 것조차 잊게 만드는 현상을 거꾸로 잠을 자지 않으면 집중하게 되는 것처럼 착각한 때문인지도 모른다.

알고 보면 우리의 몸은 우리가 생각하는 것보다 훨씬 더 지혜롭다. 몸을 통해서 아는 앎을 우리는 몸의 감각(body-sense), 몸의 느낌(body-feeling/felt), 몸의 지혜(body-wisdom)라고 부른다. 타이와 미얀마 등지에서 승려 생활을 한 후 미국으로 돌아와 수행을 지도하고 있는 임상심리 치료사 잭 콘필드(Jack Kornfield)는 "우리 몸이 바로 붓다"라고 강조하면서, 우리는 깨닫기 이전에도 몸을 통해 살고 깨달음을 이룬 이후에도 몸을 가지고 살아간다는 사실을 상기시킨다. 티베트의 스승 총카파는 우리의 몸은 오직 이번 한 생애에서만 우리의 것일 뿐 곧 사라져버릴 아름다운 것이니 그 어떤 보석보다도 귀하고 소중하게 다루라고 충고했다.

선(禪) 수행에 입문하는 이들이 가장 흔하게 듣는 소리 가운데 하나가 선을 하려면 몸부터 조복(調伏)받아야 한다는 것이다. 그런데 대체 조복받고자 하는 그 주체는 누구인가? 만일 그것이 마음이라면 그 마음은 한마디로 주제 파악을 못하고 있는 것이다. 왜냐하면 마음은 몸이 없으면 존재조차 불가능하기 때문이다. 우리는 마음과 몸을 함께 가지고 살아가는 정신-신체적 유기체다. 그러므로 마음과 몸을 이원적으로 구분하고 마음을 몸의 우위에 놓는 것은 옳지 않다. 깨달음의 여정에는 마음뿐 아니라 몸도 포함되어야만 한다.

　치유라는 관점에서 볼 때, 몸과 마음의 조건을 고려하지 않는 수행법은 비효과적이다. 잭 콘필드는 미얀마 사원에서 수행하던 시절, 스승의 지시에 따라 몸에 대한 관심을 버리고 집중수행에 몰입한 나머지 훗날 잃어버린 몸의 건강을 회복하기 위해 무진 애를 쓰는 수행자들이 많았다고 전한다.

　붓다는 우리 몸 안에 모든 가르침이 있다고 했다. 몸 안에 고통이 있고, 고통의 원인이 있고, 고통의 소멸이 들어 있다고 했다. 몸을 떠난 깨달음은 존재하지 않는다. 몸을 떠난 마음은 망상일 뿐이다. 선에서 "여기 지금 머무르라"고 하는 것은 바로 마음이 몸을 떠나지 말라는 이야기다. 마음이 몸을 떠나는 순간이 바로 잡념의 순간이기 때문에 마음을 다시 몸의 일부인 호흡에, 단전에, 여러 가지 차크라에 데려오라고 하는 것이다. 몸은 지혜의 보고다. 팔정도에서 올바르게 보고, 올바르게 사유하고, 올바르게 노력하라는 가르침은 바로 몸을 홈그라운드로 삼아 보고, 사유하고, 노력하라는 뜻인지도 모른다.

4장

삼독과 삼법인

고통은
열반으로 통하는 문

잘 안다고
착각하지 마라

붓다는 우리 인간은 탐욕, 화, 무지의 세 가지 독성(三毒)을 가지고 있다고 했다. 삼독은 행복한 삶과 인간관계를 방해하는 가장 큰 걸림돌이다. 그러므로 깨달음의 길은 세 가지 독성을 정화하는 과정들과 관련되어 있다. 불교의 무수한 수행들은 궁극적으로는 모두가 이 삼독으로부터 자유롭고자 하는 것이다.

그런데 우리의 행복과 웰빙을 장애하는 삼독에 대한 가르침을 우리는 아주 기초적인 불교 교리로 취급하여 가볍게 언급하고 지나가는 경향이 있다. 그중에 특히 탐욕에 대해서는 누구나 잘 안다고 생각하여, 다른 불교 교리에 비해서 쉽고 단순하다고 착각한다. 그 결과 우리 대부분은 탐욕에 대해서 깊이 생각하고, 연구하고, 명상하면서 실제 삶에 적용하고 실천하는 방법들을 배우는 기회를 얻지 못한다. 물론 나머지 두 개의 독성에 대해서도 사정이 크게 다르지는 않다.

지극히 높은 깨달음의 경지에 도달하지 않는 한, 우리는 이 세 가지 독성에서 자유롭지 못하다. 다시 말해서 우리는 모두 세 가지 독성에 중독되어 살아가고 있다. 탐욕의 독성은 우리에게서 이 세상에 사는 동안 진실로 즐기며 누릴 수 있는 수많은 기회를 박탈한다. 화의 독성은 자신과 이웃의 웰빙을 파괴하고, 사랑을 미움과 공격으로 전환시킨다. 무지의 독성은 삶의 진정한 의미와 가치를 망각하게 하여 잘못된 선택으로 이끌고, 끊임없이 방황하고 갈등하도록 만든다.

삼독은 개인과 사회의 평화와 정의를 방해하고 자유로움을 구속하는 마음의 족쇄다. 그러므로 불교 공부에서 삼독이 어떻게 우리의 행복과 평화를 방해하는지 이해하고 자각하는 것은 반드시 필요하다.

탐욕 1

목마를 때
물을 마셔라

　　　　　　　무지한 스승은 제자가 탐욕이 어떻게 발생하며 왜 해롭고 나쁜 것인지를 물으면, 당연한 것을 왜 질문하느냐는 반응을 보인다. 더 무지한 스승은 그냥 그런 줄 알면 되지 왜 따지느냐며 마음속으로 짜증을 낼 것이다. 그래서 우리는 정작 질문해야 할 것들을 질문하지 못하고, 탐욕은 해로운 것이고 우리의 행복과 웰빙을 방해하는 걸림돌이라는 사실을 피상적으로 대충 이해하고 넘어간다. 그 결과 탐욕하는 인생이 실제로 얼마나 고달프고 힘든 삶인지를 감각과 느낌과 체험으로 아는 대신 관념과 말로만 알게 된다. 그렇게 되면 사회 속에서 학습하여 탐욕에 익숙해진 우리들은 은연중에 탐욕이 행복과 웰빙으로 가는 길이라고 굳게 믿고 탐욕으로 일관된 일상을 살게 된다.

　　자아초월 심리학의 선구자인 스타니슬라프 그로프(Stanislav Grof)는 자아초월적 관점에서 중독에 관해 논의하면서 "당신이 정말로 필요로 하지 않는 것을 충분하게 얻을 수는 없다."고 말했다. 우리의 행복과 웰빙에 진정으로 필요하지 않고 도움도 되지 않는 것을 우리가 원한다면, 아무리 원하고 얻어도 그것으로 만족하거나 채워지지는 않는다는 뜻이다. 왜냐하면 그것이 우리가 진정으로 원하거나 필요한 것이 아니기 때문이다. 목마른 사람에게 물은 진실로 필요한 것이기 때문에 물을 마시는 순간 갈증이 해소되고 만족감과 충족감을 느낀다. 그러나 목마르지 않은 자, 당장 물이 필요하지 않은 이가 물을 마신다면 거기에 만족이나 충족감은 존재하지 않는다.

탐욕이란 필요 이상으로 구하는 것, 과거에는 필요했지만 지금은 더 이상 필요하지 않음에도 계속해서 원하고 구하는 것, 또 지금 필요하지 않은데 미래에 대한 불안과 염려로 원하고 구하는 것 등과 관련된 욕구와 행위다. 그렇다면 왜 필요 이상으로 구하거나 지금 필요하지 않은 것을 원하고 구하는 것이 문제가 되는가? 그건 지금-여기에 머무는 것, 이 순간의 체험을 방해하기 때문이다. 또 우리가 현재 주어진 경험들을 충분히 즐기는 기회를 놓치게 만들고 과거와 미래에 붙잡히게 만들기 때문이다.

그렇다면 어떻게 탐욕이 지금-여기, 현재 순간에 머무는 것을 방해하는가? 그건 마음이 탐욕의 대상인 물질, 사람, 돈, 명예, 사랑, 인정, 관념 등에 집착하는 순간 우리가 자신의 홈그라운드인 몸의 존재를 잊어버리기 때문이다. 몸에 의지하고 몸에 머물지 못하는 마음은 집착의 대상들을 쫓아 배회하기 때문에 항상 불안하고 긴장하고 만족을 모른다. 몸을 떠난 마음은 오직 원하기만 할 뿐 얻은 것을 즐기고 감사하고 만족할 줄을 모른다.

우리에게 주어진 것들을 진실로 즐기고 감사하고 만족하는 일은 오직 우리의 몸과 마음이 하나가 되는 순간에 가능해진다. 그리고 진실로 즐길 줄 아는 사람은 탐욕에서 자유롭다. 진정한 즐김과 탐욕은 빛과 어둠처럼 공존할 수 없는 것들이다.

탐욕 2

탐욕과 원력

필요 이상으로 지나치게 구해도 탐욕이 되지 않는 것이 있다. 우리는 그것을 원력이라고 부른다. 원력이란 대승불교 수행의 이상적 모델인 보살이, 고통하는 중생들을 구제하고 그들과 함께 깨달음을 성취하겠다는 원대한 삶의 목표를 세우고 실천하고 수행하려는 의지를 뜻한다.

그러므로 탐욕은 타자의 행복에 대한 고려 없이 개인이 탐하는 욕심이지만 원력은 타자의 행복을 원하는 이타적인 힘이다. 탐욕은 자기중심적인 자아의식의 작용이고, 원력은 타자중심적인 자아초월적 작용이다. 탐욕은 자아만을 향해 있기 때문에 일방향적이지만, 원력은 타자와 자아를 동일시하기 때문에 양방향적이다. 그래서 탐욕은 소외, 우월, 좌절, 분노, 질투, 무지 등 부정적 에너지를 동반하고, 원력은 자비, 지혜, 사랑, 용서, 평화, 감사, 기쁨 등 긍정적 에너지를 동반한다. 또 탐욕은 화와 다툼을 부르고, 원력은 자비와 평화를 부른다.

그런데 우리는 어느 누구도 탐욕과 원력 가운데 한 가지만을 따라서 항상 행동하고 존재하지는 않는다. 탐욕과 원력 사이를 오가며 갈등하는 우리는, 때때로 자기중심적 상태에서 불쾌, 불안, 긴장, 짜증, 좌절, 소외를 경험하기도 하고, 자아초월적 상태에서 사랑, 용서, 감사, 기쁨을 경험하기도 한다. 왜냐하면 우리는 모두 사랑을 주고받기를 원하기 때문이다. 하지만 우리가 현실에서 볼 수 있는 인간 유형은 주로 사랑을 받고 싶은 욕구에 집중한 사람이고, 사랑을 주고 싶은 욕구에 집중한 사람은 드물게만 관찰된다. 전자는 탐욕으로 향해 있고 후자는 원력으로 향해 있지만, 그러한 에너지가 얼마나 극단적인지 또 원하는 것을 성취해가는 과정에 자각이나 통찰이 얼마만큼 개입하는지에 따라서 탐욕과 원력은 변화가 가능하다.

그렇다면 탐욕과 원력이 뒤섞인 마음 상태를 우리는 어떻게 구분할 수 있을까? 탐욕하는 마음이 걸림돌을 만나면 탐욕은 분노와 공격성으로 변질된다. 그렇게 일어난 분노와 공격성의 강도는 탐욕의 크기와 정비례한다. 탐욕의 극단에 자살과 살인이 도사리고 있는 이유가 바로 여기에 있다. 한편 원력이 걸림돌을 만나면 그 걸림돌은 디딤돌로 작용한다. 이는 마치 어리석은 자가 올바른 기법을 쓰면 올바른 기법이 도리어 그릇된 기법으로 바뀌고, 지혜로운 자가 그릇된 기법을 쓰면 그릇된 기법이 도리어 올바른 기법으로 바뀌는 이치와도 같다.

세상에는 우리가 사랑을 주고받을 수 있는 방법이 무수히 많다. 그러나 안타깝게도 우리가 사랑을 주고받는 길에는 무수한 장애와 걸림돌이 놓여 있다. 왜냐하면 우리는 서로 다른 다양한 형태의 아동기 성장 경험과 인간관계 역사를 가지고 있기 때문이다. 그 각각은 지금-여기 우리들의 사랑, 삶의 경험 한가운데서 원력의 에너지로 우리를 성장시키기도 하고, 탐욕의 에너지로 끊임없이 우리들의 성장을 방해하기도 한다. 우리는 원력과 탐욕, 성장과 파괴의 길목에서 자주 서성이고 갈등한다. 우리 내면에선 이 둘이 끊임없이 투쟁하고 싸운다. 이와 관련해 아름다운 이야기 하나를 소개한다.

어느 날 할머니가 손녀 햇님에게 이야기했다.

할머니: 햇님아, 세상 모든 사람들의 마음속에는 착한 여우와 못된 여우 두 마리가 살고 있단다. 착한 여우는 자비, 사랑, 고요함, 친절, 따뜻함, 지혜, 자각, 통찰 등으로 불리고, 못된 여우는 탐욕, 화, 분노, 미움, 질투, 어리석음 등으로 불린단다. 이 둘은 우리의 마음속에서 날마다 싸우고 다툰단다.

진지하게 듣던 햇님이 묻는다.

햇님: 그런데 할머니, 그 두 마리 여우 중에 누가 이겨요?

할머니: 그야 당연히 네가 먹이를 주는 놈이 이기지.

탐욕에서 자유롭기 위해서 탐욕을 직접 내려놓는 일은 쉽지 않다. 그보다는 올바른 것에 먹이를 주는 일, 즉 원력으로 자비, 사랑, 친절 등을 행하는 것이 바로 탐욕에서 자유로워지는 지름길이다.

화 1
'내'가 화를 낸다

『유식 30송』에 의하면 화는 고통과 고통의 원인을 미워하고 성내는 것으로, 불안과 악행을 일으키는 바탕이 된다. 또 화와 관련한 이차적 감정으로는 분노와 원한이 있는데, 분노는 이롭지 않은 대상을 향해 일어나는 거칠고 악한 감정이고, 원한은 분노로 인해 악을 품고 버리지 않아서 맺어진 감정으로 아주 괴로운 것이 특징이다.

화는 우리가 일반적으로 생각하는 것처럼 우리의 마음이 화나는 대상을 향해 흥분하고, 부글부글 끓고, 미움과 분노를 드러내거나 억압하는 것 이상으로 복잡하고 미묘한 감정이다. 뿐만 아니라 화는 우리가 상상하는 것 이상으로 엄청난 불행과 고통을 유발한다. 『앙굿따라 니까야』에서는 화내는 사람에 대해 다음과 같이 자세히 설명하고 있다.

"화내는 사람은 못생기고 수면 장애가 있다. 그가 얻은 이익은 잃어버리게 되고 말과 행동으로 명성에 손상을 입는다. 화에 압도되는 사람은 자신이 노력해 얻은 부와 지위를 파괴한다. 친척, 친구, 동료 들이 피한다. 화는 상실을 가져온다. 화는 마음을 불태운다. 화내는 사람은 그를 위태롭게 하는 위험이 화냄에서 태어나는 줄을 알지 못한다. 화내는 사람은 붓다의 법을 보지 못한다. 화에 의해서 지배받는 사람은 어둠 속에 있다. 그는 나쁜 행위를 마치 선한 행위인 것처럼 행하고 나서는 뒤에 화가 없어지고 나면 불길 속에서 타는 것 같이 괴로워한다. 그는 연기에 휩싸인 불꽃처럼 가려져 있고 망가져간다. 화가 순식간에 주변으로 퍼져나가는데도 그는 부끄러워할 줄 모르고, 악에 대한 공포가 없고, 말에 존중함이 없다. 화에 지배받는 사람은 어떤 밝음도 줄 수 없다. 화는 신구의 삼업을 잘못 행하게 함으로써 결국 악도에 떨어지게 만든다."

그런데 우리는 왜 화가 날까? 화는 우리 자신이 공격받았다고 느끼거나 무시나 모욕 등 부당하게 취급받거나 또는 거부당했다고 생각될 때 일어나는 감정이자, 그에 대해 보복하려는 경향성과 관련된 에너지다. 그러므로 자아에 대한 집착이 강할수록 화의 에너지도 그만큼 강할 수밖에 없다. 우리가 화났을 때 그 화나는 감정을 자세히 들여다보면 결국은 '나', '나의 것'이 손상되었다는 무의식적 판단이 자리 잡고 있다. 이는 유식의 제7 마나식인 자아의식과 관련되어 있다. 즉 내가 생각하고 있는 그

'나'에 위배되거나(아만, 아견에 위배) 나에 대한 사랑이 상처를 입었다고 느낄 때(아애의 손상), 그 사실에 대한 분노이고 또 그것과 연관된 대상을 향한 공격성이다.

분노와 공격성은 불안, 긴장, 두려움 등 이차적인 심리 상태를 유발한다. 또 그로 인해 다양한 반응적 행동 양식이 발달하게 되는데, 이는 화를 표현하는 방식에 따라서 달라진다. 흔히 화를 표현하는 데는 적극적인 방식과 수동적인 방식이 있다고 한다. 전자는 분노와 공격성을 대상에게 직접 드러내는 것이고, 후자는 화나는 대상을 향해서 화를 직접 드러내지 못하고 억압하거나 더 안전한 다른 방식으로 전환해서 표현하는 방식이다. 전자는 약자를 괴롭히는 행동, 파괴적이고 과장된 행동, 흥분하고 이기적인 행동, 위협적인 행동, 상처를 주는 행동, 예측불허의 감정 표출, 앙갚음 등을 특징으로 한다. 이에 비해 후자는 냉정함, 회피, 무기력, 강박 행동, 심리 조작, 비밀스런 행동, 자책, 자기희생 등을 특징으로 한다.

붓다 말씀에 화내는 자를 향해서 화를 내지 말라 했다. 왜인가? 화내는 자는 마치 화를 품은 압력밥솥과도 같기 때문이다. 화내는 자를 향해 화로 맞대응하는 것은 활활 타는 불길에 기름을 붓는 격이다. 스스로 타는 자를 향해서 자아의식을 발동하는 것은 어리석고 또 어리석은 일이다. 화내는 자를 향한 최상의 무기는 무아다. 왜냐하면 화는 아집의 불길이기 때문이다.

화 2
자비에 물을 주자

화의 근본 뿌리는 유식의 제7 마나식인 자아의식과 관련돼 있다고 했다. 즉 화는 내가 생각하고 있는 그 '나'의 프라이드를 건드리거나(아만), 나의 이미지나 생각에 위배되거나(아견), 나에 대한 사랑이 상처를 입었다고 느낄 때(아애), 그 사실에 대한 분노이고 그와 연관된 대상을 향한 공격성이다.

그러므로 화의 에너지를 정화하고 해독하는 과정은 자아의식의 작용을 완화시키고 멈추게 할 수 있는 무아에 대한 깨달음의 과정이다. 우리는 매순간 뭔가 우리의 기대와 뜻에 어긋나는 일로 너무나 자주 화를 내고 짜증을 부린다. 그러므로 화에 초점을 맞춘 실천 수행법이 지금 당장 필요하다.

불교는 수행하는 이의 특징과 목표, 처한 상황에 따라 다양한 명상법을 가르치고 있다. 이들 명상법은 궁극적으로는 무상, 무아, 공 등에 대한 깨달음으로 인도하고, 가깝게는 상식과 교양 수준을 벗어난 행동과 심리 증상 들을 정화하고 해독한다. 이를테면 탐욕이 많은 이에게는 오온(五蘊) 또는 부정관(不淨觀)이 좋고, 화가 많은 이에게는 자비명상이 효과적이다(6장 참고).

자비심은 화를 적극적으로 직접 드러내는 사람은 물론이고, 화를 억압하여 다른 형식으로 돌려 드러내는 사람에게도 화를 조절하는 데 매우 효과가 있다. 대개 화를 많이 내는 사람의 일차 피해자는 주변 사람, 즉 가족이나 사랑하는 사람이다. 특히 화를 적극 드러내는 사람은 주변 사람을 늘 불안하고 긴장하게 만든다. 그런 사람은 주변 사람을 사랑하지 않아서가 아니라 자신의 감정에 휩싸여서 상대방이 느끼는 불안이나 긴장감을 제대로 알아차리지 못한다.

그러므로 화를 쉽게 드러내는 사람은 자비명상의 대상으로 제일 먼저 자기와 가까운 사람, 사랑하는 사람을 선택하는 것이 좋다. 그런 다음 사랑하는 그들이 행복하고 편안하고 건강하기를 기원한다. 그러한 자비명상 과정들은 상대방을 향한 자신의 애정과 주의를 환기시키고, 자기중심적인 에너지를 타자중심적으로 전환하는 계기를 만들어준다.

한편 화를 직접 드러내기보다는 억압하고 회피하며 냉소적으로 반응하는 사람들은, 자비명상의 대상으로 너무 가깝거나 사랑하는 사람을 선택하는 것이 오히려 비효율적일 수 있다. 그들은 가까운 사람이나 사랑하는 사람에게 화를 직접 표현하지 못하고 억압하는 경향성이 있는데, 이렇게 화내기보다는 주로 참고 인내해온 대상을 향해서 자비명상을 하는 것은 당장은 무리가 따르기 때문이다. 그러므로 이들은 자신과 친분이 없는 사람들의 고통을 명상하고 그들의 행복, 평화, 안전을 기원하는 것으로 시작하는 게 더 효과적일 수 있다.

갈수록 우리 사회는 화에서 비롯된 공격 행위에 대해 무신경해지는 경향이 있다. 특히 청소년 폭력과, 아동 및 여성들에 대한 성폭력과 학대에 대해 놀라울 만치 너그럽다. 그러나 그것은 너그러운 것이 아니라 우리 사회가 무지하고 저급한 문화를 지니고 있음을 입증하는 징표다.

동쪽에서 뺨맞고 서쪽에서 화풀이 한다는 속담도 있듯이, 화는 주로 강자가 아닌 약자를 향해서 표출되고, 항상 희생양을 찾는다. 그래서 문화 수준이 높고 건강한 사회일수록 화의 공격적 행위에 대한 처벌이 엄격하다. 그것을 방치했을 경우, 약자가 보호받을 수 없는 약육강식의 동물 사회가 되기 때문이다. 성숙한 개인, 성숙한 사회일수록 화를 다스리는 일을 선택이 아니라 의무와 책임으로 인식한다. 화는 우리의 평화, 사랑, 안전을 위협하고 파괴하는 무서운 바이러스이기 때문이다.

무지 1

무엇을 모르는가?

무지란 현상과 본질에 대해 어둡고 알지 못하여 그릇된 마음을 일으키는 것이다. 때문에 무지를 극복하기 위해서는 현상과 본질에 대한 이해를 갖추어야 한다. 현상은 우리 인간이 지각할 수 있는 대상의 모양과 상태를 말하고, 본질은 현상으로 드러나는 모양과 상태의 고유한 성질이다. 그러니까 현상은 그 현상의 본질이 조건과 상황이라고 하는 인연에 따라 드러나는 겉모습이다. 이를 아래 등식으로 표현할 수도 있다.

현상=본질×조건(상황)

현상의 특징은 무상(無常), 즉 변화다. 왜냐하면 위의 등식에서도 볼 수 있듯이 조건이나 상황이 바뀌면 현상도 바뀌기 때문이다. 한편 현상의 본질은 불변한다. 무상하지가 않다. 왜냐하면 본질은 조건이나 상황으로부터 자유롭고, 조건이 없는 것을 전제조건으로 하기 때문이다. 그런데 붓다의 가르침에 무상한 것은 실체가 없기 때문에 본질이 무아(無我)라고 했다. 그래서 일체 현상의 본질은 무아다.

여기에 고통의 원인에 대한 힌트가 있다. 일체 현상은 상황과 조건에 따라서 변화하기 때문에 무상하다는 사실과, 또 무상하기 때문에 본질이 무아라는 사실을 알지 못해서 우리는 무지하고 어리석다. 그리고 무지하고 어리석기 때문에, 현상을 경험하는 태도나 현상을 대하는 반응이 그릇되고 해석이 왜곡되어 있다. 또 그렇기 때문에 현상을 탐하고 현상에 대해 화를 낸다. 그래서 종국에는 고통한다.

우리는 사랑하는 사람이 변했다고 배신감을 느끼고 화를 낸다. 그래서 우리는 조건 없는 사랑을 갈망한다. 그러나 세상에 조건 없는 사랑은 존재하지 않는다. 왜냐하면 사랑에 조건이 붙지 않으면 사랑은 더 이상 사랑이 아니라 자비심이나 연민심으로 전환되기 때문이다. 세상에는 물질, 명예, 사람을 탐하고 사랑하기 때문에 죽고 고통하는 사람이 너무나 많다. 반면 자연과 일체 존재를 더 널리 더 깊이 차별 없이 사랑하며 행복하고 충만한 삶을 사는 이는 많지 않다.

무상에 대한 깨달음은 집착과 탐욕의 격정을 자애로움과 연민심으로 전환시켜준다. 그러나 그 고통을 무상에 대한 깨달음으로 대치하지 못한다면, 좌절된 사랑과 그에 대한 허무나 분노에 휩쓸리거나 제2, 제3의 욕망 사이에서 끊임없이 전전하게 된다. 이런 이유에서 불교는 고통을 치유하기 위한 근본 처방으로 무지에서의 해방을 주장하는 것이다. 그래서 우리는 깨닫고자 한다. 조건 지어진 일체의 존재는 무상하고 고유한 자아가 없다는 사실을 깨닫고자 하는 것이다.

여기서 우리는 또 하나 명료하게 이해할 것이 있다. 바로 '조건'의 개념과 '조건 지어졌다'는 것의 의미다. 조건은 셀 수 없이 무수히 많지만, 크게는 시간과 공간으로 구분할 수 있다. 그러니까 시간과 공간의 제약을 받는 것은 모두 무상하고, 무아라는 의미다.

세상 만물 가운데 시간과 공간에서 자유로운 것을 본 적이 있는가? 우리 자신을 포함해서 정신적인 것이든 물질적인 것이든 그 둘의 조합이든 간에, 시간과 공간의 제약을 받지 않는 것은 없다. 오직 시간과 공간을 초월해서 변화하지(무상) 않고 존재하는 존재는 없다(무아)는 그 하나의 진리를 제외하고는. 그래서 붓다는 무상과 무아의 이치를 깨달으면 열반에 이르고 깨닫지 못하면 고통의 한가운데 머물게 된다는 사실만큼은 시간과 공간을 초월하는 진리임을 도장을 찍어서 선포한 것(삼법인 또는 사법인)이 아닐까.

무지 2

무상과 무아가
가리키는 달은…

중국 당나라 시대의 조주(趙州) 스님은 지극한 도는 어렵지 않다고 했다. 이 말에 따르면 무아와 무상의 가르침은 참다운 진리이므로 분명 어렵지 않아야 한다. 사실 우리 자신을 포함해서 정신적인 것이든 물질적인 것이든 세상 만물은 모두 시간과 장소에 따라 변화한다는 원리는 따로 이해할 것도 없을 만큼 당연하다. 불교에서는 진리라고 말하기조차 민망할 정도로 너무나 단순하고 당연한 사실을 자각하기만 하면 그게 바로 깨달음이라고 한다. 알고 보면 깨달음처럼 간단하고 쉬운 것도 없다. 그런데 그것을 실제 인간관계와 삶 속에서 적용하고 실천하는 일은 왜 그렇게도 힘이 드는 것일까?

흔히 우리는 깨달음이 몹시 심오하고 대단한 것이라서 특별한 사람들이나 다다를 수 있는 경지라고 생각하는 경향이 있다. 게다가 깨닫기 위해서는 온 생애를 바쳐 엄청난 노력과 에너지를 쏟아야 한다는 선입견이 우리 안에 내재되어 있다. 그뿐인가. 평생을 애쓰고도 깨달음은 보장되지 않기에 다음 생까지 닦을 것을 예약하는 이들도 있다. 혹시 그 자체가 깨달음에 대한 환상, 즉 무지가 아닐까.

 무아와 무상의 성질을 한 단어로 표현하면 공(空)이 되고, 공은 다시 중도(中道)의 이치로 설명될 수 있다. 그러니까 일상에서 중도를 벗어나서 몸으로든 마음으로든 무리를 하면 그 결과로 얻어지는 현상이 바로 고통이라는 의미다. 그럼에도 불구하고 무엇 때문에 우리는 깨닫기 위해서 그토록 많은 시간과 노력을 쏟아부을까? 다소 역설적 표현이긴 하지만, 우리는 치우치지 않기 위해서 엄청나게 치우쳐왔고 무리하지 않기 위해서 엄청나게 무리해왔는지도 모른다. 그러나 깨달음은 결코 깨닫고자 분투하는 이들에 의해서 성취되지 않는다. 진리의 본질은 자연스러움이기 때문이다.

 삶이 우리가 예상하고 기대하는 대로 일어난다면 좌절과 고통은 없을 것이다. 세상 일이 뜻대로 잘 풀리고 행복한 사람이 실존적 고민을 하는 일은 지극히 드물다. 무엇이든 자신의 기대에 어긋나고 예기치 않은 일들이 일어날 때, 우리는 당황하고 거부, 원망, 분노, 우울 등 갖가지 심리적 고통과 불행을 경험한다. 그러한 고통과 불행은 다시 우리가 삶의 의미와 목적, 존재의 가치 등에 대해서 진지하게 생각하도록 만들고, 종국에는 무상과 무아를 깨닫도록 이끈다.

삶에서 겪는 좌절과 고통이 무상과 무아에 대한 자각으로 귀결되지 않는 한, 고통과 불행의 치유는 완성되지 않는다. 무상에 대해 무지하면 변화에 둔감하거나 역행하며, 무아에 대해 무지하면 탐욕과 집착으로 인간관계를 그르치기 때문이다. 또한 인간관계의 본질인 상생을 경쟁과 갈등으로 왜곡하고, 순환과 소통을 막힘과 걸림으로 뒤틀리게 만들기 때문이다.

그런데 우리가 정말로 알아야 할 것이 있다. 무상과 무아에 대한 자각 자체가 고통을 치유하는 치료제는 아니라는 사실이다. 빛을 얻기 위해 전구를 필요로 하듯, 무상과 무아를 자각할 때 나오는 빛인 연민심과 자비심 때문에 우리는 깨달음을 필요로 한다. 사실은 그것이 우리를 무지에서 해방시키는 근본 에너지고 힘이다.

삼법인 1

고통=열반

원래 상좌부(上座部)로 대표되는 남방불교에서는 제행무상(諸行無常), 제법무아(諸法無我), 일체개고(一切皆苦)를 세 가지 특징, 즉 삼특상(三特相)이라고 부른다. 반면에 설일체유부(說一切有部)로 대표되는 북방불교에서는 제행무상, 제법무아, 열반적정(涅槃寂靜)을 세 가지 법의 도장, 즉 삼법인(三法印)이라고 부른다. 삼특상은 초기불교의 빨리어 원어인 'ti-lakkhaṇa'의 번역어이고, 삼법인은 대승불교의 산스크리트 원어인 'tri-dharma-mudrā'의 번역어이다. 초기불교, 대승불교, 선불교, 밀교 등 다양한 불교 전통이 공존하는 미국에서는 체계적 구분 없이 삼특상에 열반적정을 더해 사법인이라고 부르기도 한다.

제행무상을 쉽게 설명하면 만물은 모두 상대적이라는 뜻이다. 환경과 조건에 따라 변화할 뿐 고정된 것은 없다는 말이다. 제법무아는 이처럼 만물이 시간과 공간에 따라서 변화하는 상대성을 갖고 있기 때문에 절대적이고 독립적인 실체가 없다는 의미다. 그래서 우리의 삶에서 애착하는 사람, 사랑, 조건 들이 변화할 때, 그 변화를 수용하고 그 속에서 무상과 무아를 발견할 수 있다면 그것이 열반적정, 즉 깨달음, 해탈, 고요함, 자유로움이다. 반대로 변화를 수용하지 못하고 원망하고 미워하면 그것이 일체개고, 다시 말해 모든 것이 다 고통일 뿐이다.

삼특상과 삼법인의 교리상 차이를 논하자면 초기불교와 대승불교의 차이까지 광범위하게 다루어야 하는데, 이 글에서는 쓸모와 응용 측면에서 이 두 전통의 가르침을 통합적으로 접근하겠다. 우선 초기불교에서는 무상, 무아, 고를 깨달으면 해탈을 성취한다고 가르친다. 이를 달리 표현해서 해탈로 들어가는 데는 세 개의 문, 즉 삼해탈문(三解脫門)이 있다고 한다. 그것은 무상(無常)에 대한 자각을 통해서 증득하는 무상(無相)해탈문, 무아(無我)에 대한 자각을 통해서 증득하는 공(空)해탈문, 고(苦)에 대한 자각을 통해서 증득하는 무원(無願)해탈문이다.

삼특상과 삼해탈문에 대한 이해는 2~3세기경 인도의 승려 용수가 『중론(中論)』에서 사바세계와 열반은 조금도 다르지 않다고 말하는 문구를 떠올린다. 그렇게 생각하는 이유는, 사바세계가 고통을 상징하므로 용수의 표현을 '고통=열반'이라는 등식으로 이해할 수 있기 때문이다. 그러나 그러한 등식은 깨달음의 수준에서 본 초월적 관점이어서, 현실 세계에서는 단지 하나의 관념에 불과해 보인다. 다시 말해서 고통받고 있는 우리들의 입장에서 보면, 고통은 몸과 마음 전체로 경험되는 생생한 느낌, 감정, 정서

이기 때문에, 고통을 열반과 동일시하는 가르침에 공감을 하기 힘들다.

그렇다고 용수의 주장이 틀렸다는 것은 아니다. 다만 그 수준(초세간적 지혜)에 미처 이르지 못한 우리들이 그것을 머리로만 받아들이면 연민심을 증장시키는 데 장애가 될 수도 있기 때문에, 무턱대고 그 가르침을 받아들이는 것이 달갑지 않을 뿐이다. 실제로 어떤 스승은 제자의 고통에 상당히 무신경하고 배려심이 부족하다. 그러한 스승은 제자가 처한 조건과 상황, 즉 제자의 근기(根機)에 무지하다. 그 결과 제자의 고통을 어루만지고 위로하는 대신 수행이라는 이름으로 오히려 학대에 가까운 행위를 서슴지 않는다. 그러한 스승은 자신의 행위나 가르침이 제자의 건강한 심리 상태(善心所)를 유발하여 깨달음을 촉진시키는지, 아니면 건강하지 않은 심리 상태를 자극하여 도리어 어리석음을 증장시키는지에 대한 인식이 부족하다. 어쩌면 그러한 무지의 근원에는 고통이 곧 열반이라는 등식에 대한 착각이 집단무의식 형태로 자리를 잡고 있는지도 모른다.

그럼에도 용수의 '고통=열반'이라는 등식은 불교 심리학과 불교 심리 치료를 여타의 서양 심리학, 서양 심리 치료와 분명하게 구별해주는 핵심이다. 그런 의미에서 우리는 고통이 왜 열반과 같은 것인지를 명료하게 이해해야 한다.

그렇지 않으면 우리 자신의 의지와는 관계없이 아픔을 호소하는 이들에게 고통의 무게를 더하는 잔인함을 보이거나, 고통이라는 명약을 빼앗고 대신 사탕을 안겨주는 어리석음을 행할 수도 있기 때문이다.

삼법인 2

어떻게 고통에서 열반으로 나아가는가?

일체법이 무상, 무아, 고(삼특상)의 특징을 지니고 있으며, 무상(無常)의 본질을 꿰뚫으면 무상(無相)해탈을, 무아의 본질을 꿰뚫으면 공(空)해탈을, 고의 본질을 꿰뚫으면 무원(無願)해탈을 각각 얻게 된다는 사실을 알았다고 가정해보자. 또 불교가 무상과 무아와 열반을 가르치기 때문에, 무상과 무아와 열반의 도장(삼법인)이 찍힌 것은 불교고 그렇지 않은 것은 불교가 아닌 것으로 이해했다고 가정해보자.

그리고 다음 단계에서 무상, 무아, 고, 공, 해탈 등의 개념들에 대해서 각각 깊이 있는 공부를 했다고 해보자. 이와 같은 개념 정의식 교리 이해를 통해서 우리가 얻는 이익은 무엇인가? 불교의 근본 취지는 분명 중생을 이롭게 하는 것이니만큼, 우리는 "그래서 어쩌라고?"라는 물음을 던지지 않을 수 없다.

『중론』에서 용수가 사바세계는 열반과 조금도 다르지 않다(고통=열반)고 한 것은 초기불교(남방불교)의 삼특상과 대승불교(북방불교)의 삼법인을 통합할 수 있는 연결고리다. 그리고 이 연결고리는 마음 치료 영역에 시사하는 바가 크다.

'고통=열반'이라는 등식의 열매를 삶에서 따 먹기 위해서는, 어떻게 고통이 열반이 되는지를 구체적으로 알아야 한다. 5세기경 인도의 불교학자 세친(世親)은 이를 우리 입장에서 쉽고 단계적으로 설명했다. 그는 유식론에서 왜 고통이 열반인지를 설명하고 고통을 열반으로 전환하는 구체적 방법을 제시하고 있다.

고통은 제거 대상이 아니라 열반의 거름이고 본질임을 이론과 실천 수행법을 통해서 제시한 세친의 유식 심리학은, 고통의 증상을 제거하고 없애려는 노력에서 출발한 여타의 서양 심리학, 서양 심리 치료와는 분명히 다르다. 고통이 없으면 깨달음도 없다. 그래서 사성제의 첫 번째 진리가 고(苦)제인 것이다. 고통에 대한 자각과 알아차림이 바로 열반으로 들어가는 문이기 때문이다.

고통에 대한 자각과 알아차림은 치유라는 관점에서 보면 고통에 대한 '수용'이라고 볼 수 있다. 우리들이 겪는 고통의 대부분은 고통 그 자체 때문이 아니라 고통을 거부하고 부정하는 반응 때문에 생겨난 것이다. 이를테면 거짓말을 숨기기 위해 또 다른 거짓말을 한 결과 문제가 산덩이만 해져서, 호미로 막을 것을 가래로도 못 막는 경우가 그렇다. 또 고통을 피하기 위해 술을 마시고 약물을 한 결과 종국에는 약물 중독과 알코올 중독이 겹쳐서 이중 삼중으로 고통하는 경우도 그렇다.

고통은 조건 지어진 것이기 때문에 무상하다. 생주이멸한다. 그러나 고통을 수용하지 못해 거부하거나 도피한다면 고통은 사라지지 않는다. 왜냐하면 처음 고통은 시간과 함께 약해지겠지만 그 고통을 피하거나 거부하는 반응으로 생겨난 2차, 3차 고통이 계속 남아서 처음 고통을 상기시키기 때문이다. 예를 들어서 부부싸움을 하여 서로 미워하는 고통이 생겨났다고 치자. 이때 고통을 수용하는 자세는, 미워하는 마음을 들여다보고 그 원인과 현상 들을 명상을 통해서 사유하는 것이다. 반면 고통을 거부하고 도피하는 행동은, 신세를 한탄하고 술을 마시고 폭력을 휘두르고 외박을 하는 등의 반응 행동을 하는 것이다. 앞의 경우에는 시간과 함께 미움의 감정도 약해져 결국 고통이 사라진다. 그러나 뒤의 경우에는 미움의 감정이 약해진다 하더라도 술, 폭력, 외박 등의 반응 행동에 의해서 부부 사이에 또 다른 갈등과 미움을 낳게 된다.

그래서 불교 심리학을 바탕으로 한 마음 치유는, 고통을 거부하고 부정하는 것이 더 큰 고통과 불행을 가져온다는 사실을 인식시키는 데서 시작한다. 그 다음, 고통에 저항하는 대신 직면하여 고통의 존재를 알아차리도록 돕는다. 그리하여 고통을 알아차리는 것 자체가 치유임을 체험을 통해 깨닫도록 한다. 이를테면 부부싸움 자체는 고통의 근원이 되지 않는다. 싸움을 계기로 오히려 더 돈독한 관계를 형성하고 서로 더 많이 이해할 수도 있다. 그럴 경우, 미움과 고통이라는 걸림돌은 치유와 깨달음을 위한 디딤돌로 변화한다. 그런 의미에서 고통이 있는 곳에는 반드시 열반이 있고, 고통은 열반으로 향하는 문이라고 하는 것이다.

    치유라는 관점에서 삼특상과 삼법인을 보면, 무상과 무아에 대한 자각이 괴로움의 순간을 열반의 순간으로 전환하는 핵심임을 분명하게 알 수 있다.

5장

바라밀

깨달음의 목적은
실천에 있다

꼬리에 꼬리를 무는
수행이 되어야

바라밀(波羅蜜)이란 깨달음을 구하는 중생, 즉 보살이 고통의 이 언덕에서 해탈의 저 언덕으로 건너가도록 하는 뗏목이나 나룻배와 같은 것이다. 또한 불교 수행의 궁극 목적인 '이고득락(離苦得樂)', 즉 '괴로움에서 벗어나서 해방을 성취하고 완성'하는 데 필요한 수단이다. 보시(布施), 지계(持戒), 인욕(忍辱), 정진(精進), 선정(禪定), 지혜(智慧)의 여섯 가지를 이르러 육(六)바라밀이라 하고, 육바라밀에 방편(方便), 원(願), 역(力), 지(智)의 네 가지를 보태어 십(十)바라밀이라 이른다.

육바라밀과 십바라밀은 대승불교에서 가장 대표적인 수행 체계이지만, 이 체계를 깨달음을 위한 수단으로 실제 수행에 적용한 사례를 찾아보기는 어렵다. 교학 측면에서도 바라밀 수행의 효과를 검증하고자 한 불교 관련 논문은 잘 보이지 않는다. 그 이유는 바라밀을 개념에 초점을 두고 관념적으로 이해하려고 하기 때문이다. 그래서인지 바라밀 수행의 전체 과정을 상호 유기적으로 이해하고 실천하려 하기보다는, 단지 특정 바라밀 한두 개에 초점을 맞추어 수행을 하는 경향이 있다.

　불교 심리학 관점에서 보면, 여섯 혹은 열 가지 바라밀 수행 단계들을 반드시 고정된 순서로 실천할 필요는 없다. 그러나 바라밀 수행들이 상호 긴밀하게 연결되어 있기 때문에, 따로 한두 수단을 수행하기보다는 서로 연결해서 수행하는 것이 더 효과적이다. 이를테면 육바라밀 수행에서 보시바라밀을 수행할 때 나머지 지계, 인욕, 정진, 선정, 지혜의 다섯 가지 수단을 통하면, 보시바라밀의 뜻을 현실에 어떻게 적용해야 하는지를 더 깊고 쓸모 있게 이해할 수 있다. 물론 나머지 바라밀 수행에 대해서도 마찬가지다.

　치유라는 관점에서, 십바라밀의 처음 여섯 가지 수단인 육바라밀은 자기중심 수행으로 보았고, 뒤의 네 가지 바라밀은 타자중심 수행으로 보았다. 그 구체적인 방식을 차례대로 살펴보자.

보시바라밀
자아의식을 뛰어넘게 하는
위대한 힘

　　　　　　　　육바라밀 가운데 첫 번째가 보시바라밀이다. 보시는 흔히 베푸는 것을 의미하지만 넓은 의미에서는 주는 것만이 아니라 받는 것도 포함된다. 받지 않으면 줄 수 없기 때문이다. 무엇을 주고받느냐에 따라 보시의 종류가 나뉘는데, 주고받는 것이 물질에 해당하면 재시(財施)라 하고, 진리에 대한 가르침이면 법시(法施)라 하고, 불안과 두려움을 없애주는 마음 치료에 해당하면 무외시(無畏施)라 한다.

　그런데 왜 보시가 고통으로부터 자유로워지고 깨달음을 완성하는 제일의 길인가? 그것은 보시가 탐욕과 화와 무지를 내려놓는 최상의 방법, 아니 유일한 방법이기 때문이다. 물질적인 것이든 정신적인 것이든, 베풀지 아니하고 진정한 마음의 평화와 영적 성장에 이르는 길은 없다.

　왜인가? 베푸는 행위는 '나'라는 자아의식을 약화시키고 버리는 무의식적 과정이기 때문이다. 나아가서 '나'라고 하는 대상의 범위를 자기 자신의 육신과 마음에 한정하는 무지에서 벗어나도록 돕기 때문이다. 즉 주고받는 행위를 통해서 주는 '나'와 받는 '대상'이 서로 하나로 연결되어 있음을 체험으로 깨달아갈 수 있기 때문이다.

이와 같이 보시는, 자신에게 집착하고 한정된 자아의식이 타자에게로 이동하여 확장되는 것을 가능하게 하는 매우 효과적이고도 신비한 행동이다. 또한 보시는 다른 보시를 낳고, 그 보시가 또 다른 보시를 낳는 식으로 끊임없이 파생되고 퍼져나가는 엄청난 파급력을 갖고 있다. 그러므로 우리가 일상에서 베풀 수 있는 아주 단순하고 소박한 보시바라밀도, 타자의 마음을 움직여 궁극적으로는 세상을 움직이고 우주를 움직이는 위대한 힘을 발휘할 수 있다.

그런데 모든 보시바라밀이 그와 같은 위력을 발휘하는 것은 아니다. 보시바라밀이 보시하는 이의 아집을 떠나서 자아의식을 확장하고 타자의 보시바라밀을 촉진하기 위해서는 반드시 세 가지 조건을 충족해야 한다. 즉 삼륜청정(三輪淸淨)해야만 한다.

삼륜청정이란 보시하는 자와 받는 자, 보시물이 모두 깨끗해야 한다는 뜻이다. 깨끗하다는 말은 공적(空寂), 즉 마음(자아의식)이 비어서 고요하다는 의미다. 그러니까 보시는 사심(아만, 아애, 아견, 아치)이 들어가지 않은 마음으로 할 때 타자를 움직이고 세상을 움직일 수 있다.

삼륜청정하지 않은 보시바라밀은 탐욕과 화와 무지를 정화하지도,

자애로움과 연민심을 촉진하기도 어렵다. 그냥 현실에서의 이익을 노리는 목적에서 실행하는 일반적인 기부라면 몰라도, 깨달음을 완성하고 도(道)를 이루고자 하는 보살의 길에서 행하는 보시는 그야말로 『금강경』 사구게 가운데 하나인 '응무소주 이생기심(應無所住 而生其心)', 즉 '집착하지 않고 계산하지 아니한 마음'으로 행해야 한다.

그러나 현실적인 집착 없이 그 마음을 일으키는 삼륜청정한 보시는, 오직 붓다의 경지에서만 가능한 일이지 우리들이 당장 실천할 수 있는 덕목이 아니다. 사실 삼륜청정한 보시가 가능하다면 굳이 지계, 인욕, 정진, 선정, 지혜 등 나머지 바라밀을 새삼 닦아야 할 필요도 없을 것이다.

그런 의미에서 육바라밀 가운데 뒤의 다섯 바라밀은 첫 번째인 보시바라밀을 온전하게 완성하는 데 필요한 수단이자 방법으로 이해해도 큰 무리는 없을 것이다.

지계바라밀

절도 있는
주고받기

육바라밀 가운데 두 번째는 지계바라밀이다. 지계(持戒)는 계율을 잘 지니고 지킨다는 뜻으로 몸과 말과 생각의 규범, 도덕, 상식에 해당한다. 지계의 목적은 자신과 이웃을 이롭게 하고 깨달음으로 이끄는 데 장애가 되는 행위를 그치고 유익한 행위를 적극적으로 실천하는 것이다.

전통적으로는 지계바라밀을 첫 번째 바라밀인 보시바라밀과 연결해서 종속적으로 설명하지 않는다. 그러나 실제로 육바라밀의 첫 관문인 보시바라밀을 실천하기 위해서 진실하게 노력하다 보면, 누구나 보시바라밀의 바탕에는 반드시 지계바라밀이 있어야 한다는 사실을 깨닫게 된다. 보시의 대상, 조건, 상황, 정도, 방법 등을 고려하는 과정에서 진정으로 상대방을 이롭게 하고 깨달음과 성장으로 이끌기 위해서는 선택의 준거가 필요하다는 사실을 절감하기 때문이다. 쉽게 말하면 주고받는 행위에는 반드시 절도, 즉 지계가 있어야 한다는 것이다.

보시의 궁극 목적은 이웃을 이롭게 하고 깨달음으로 이끌며, 자기 자신의 삼독을 정화하는 것이다. 그런데 지계가 결핍된 보시는, 그 결과가 선행의 공덕이 될지 악행의 업이 될지 예측할 수 없다. 왜냐하면 상황과 조건에 맞지 않고 적절하지 않은 보시는 상대에게 해악이 될 수 있기 때문이다. 이를테면 베푸는 자의 입장에서 내가 이만큼 주면 얼마만큼 되돌아올 것이라는 기대가 들어가거나 자기 이익을 계산하는 보시, 또 '내가' 베푼다는 식으로 자아의식을 충족시키고 살찌우는 목적에서 행하는 보시는 주는 자나 받는 자의 영적 성장과 깨달음을 보장하지 않는다. 이러한 보시는 물질적 탐욕과 같은 것이 아상(我相)으로 전환되고 변형될 뿐, 진실로 탐욕을 정화하지 않는다. 자신이 준 것보다 더 많은 것을 얻게 될 것이라는 기대나, 타자에게서 명예나 인정을 얻을 것이라는 계산에서 나온 일종의 '자기와의 협상'이기 때문이다.

우리는 누구나 일상적으로 늘 주고받는 행위 속에서 살고 있다. 알고 보면 넓은 의미에서는 그것이 모두 보시행이다. 지계바라밀은 바로 주고받는 그 모든 행위를 조절하고 감독하는 역할을 한다. 주고받는 행위만 절도 있게 한다면 우리 인간관계에 어찌 고통과 갈등이 많이 일어나겠는가.

갈수록 심해지는 부부간의 갈등과 이혼도, 어느 한쪽이 더 많이 주었거나 받았다는 불만에서 비롯된 경우가 대부분이다. 사랑, 우정, 비즈니스를 사이에 둔 관계에서도 마찬가지다. 일방적으로 손해를 봤다는 느낌이나 생각이 들면 그 어떤 관계도 오래 버티지 못한다.

한편 지계가 전제되지 않은 보시는 아만심을 강화시킨다. 즉 베푸는 자에게는 우월감이라는 아만심을 증장시키고, 베품을 받는 자에게는 열등감이라는 아만심을 증장시킨다. 그렇다고 해서 아까워하면서 하는 기부, 체면 때문에 하는 기부의 가치를 부정해서는 안 된다. 아직 깨달음에 이르지 못한 세간적 삶을 사는 우리들로서는 그 또한 참으로 귀하고 장한 일이기 때문이다. 다만 우리는 육바라밀이 세간적 가치와 삶의 이 언덕에서 초세간적 가치와 삶의 저 언덕을 향해서 나아가기 위한 뗏목이라는 사실을 명심해야 한다.

건강한 관계, 행복한 관계에는 개인이든 사회든 상관없이 반드시 아름다운 나눔과 절도 있는 주고받기가 있다. 정신적인 것이든 물질적인 것이든, 치우치지 않는 중도적 나눔, 즉 주고받기의 조화와 균형을 통해 보시바라밀을 온전하게 완성시키도록 돕는 작용이 지계바라밀의 중요한 역할임을 다시 한 번 강조한다.

인욕바라밀

'나'에서 '이웃'으로 중심을 옮기는 수행

　　　　　　　　　　　　육바라밀의 세 번째 실천 항목은 인욕바라밀이다. 인욕(忍辱)은 말 그대로 참고 인내하는 것을 말한다. 특히 탐욕, 화, 무지라는 삼독 가운데 화, 즉 성내고 분노하는 마음을 참고 다스리는 실천 수행법을 일컫는다. 지계바라밀과 마찬가지로 인욕바라밀 또한 보시바라밀을 완성하는 데 반드시 필요한 밑거름으로 작용한다.

　　인간관계에서 발생하는 문제들은 결국 더 많이 주고 더 적게 받아서 손해를 보았다는 의식적, 무의식적 계산에서 비롯된 경우가 대부분이다. 그러므로 인욕바라밀은 보시바라밀을 행할 때 더 많이 주고 더 적게 받는다는 생각에서 자유로워지는 훈련으로 이해하면 좋을 것이다.

　　흔히 인욕 수행 하면 뭔가 엄청난 멸시나 고통을 인내하고 참아내는 것을 떠올리곤 하는데, 그건 지나치게 드라마틱하고 비현실적인 이야기다. 인욕이 반드시 크고 거창해야 제대로 된 수행이라고 오해해서는 안 된다. 우리들의 실제 삶이나 인간관계에서는 아주 작고, 때로는 전혀 예상치 못한 사소한 일, 섭섭한 감정, 작은 친절이나 너그러움이 발단이 되어 큰일을 만드는 경우가 대부분이다. 오죽하면 우리 한국인은 작은 일에 목숨 걸고 큰일에 대범하다는 뼈 있는 우스갯소리가 나왔겠는가.

발우공양을 할 때 가끔 느끼는 일이다. 네 명이 먹을 경우 한 사람 몫은 4분의 1이다. 그런데 자기가 특별히 좋아하는 반찬이 있으면 3분의 1이나 2분의 1을 덜어 가는 사람이 있다. 또 열 명이서 1시간 동안 토의나 회의를 한다면, 1인당 발언할 수 있는 시간은 평균 6분이다. 그런데 혼자서 20분을 말하는 사람이 있다. 만일 이처럼 상대방을 배려하지 않고 자기중심적인 사람이 보시바라밀을 거창하게 실천하겠다고 한다면, 필경 덧셈과 뺄셈도 제대로 못하는 사람이 인수분해를 하겠다고 덤비는 꼴이 되고 말 것이다.

우리가 보시바라밀을 온전하게 실천하기 위해서는, 자기에게 주어진 몫만큼 가져가고 시간만큼만 말하는 상식과 도덕(지계)을 우선 수행하고, 그런 다음 자기 몫보다 조금 적게 가져가고 적게 사용하는 인욕을 수행하는 것이 현실성 있는 방법이다. 남의 몫을 자기가 차지하고 남의 시간을 자기가 써버리는 사람이 거창한 인욕 수행을 한다면, 그건 자신을 억압하는 행동이거나, 벅찬 것을 무리해서 하는 수행이거나, 남에게 보여주려는 무의식적 동기에서 비롯된 행위에 가까울 것이다.

보시바라밀을 행할 때 인욕바라밀이 필요한 또 다른 이유는, 보시는 평등하게 치우침 없이 중도적으로 실천해야 하기 때문이다. 대체로 우리는 사랑하거나 사랑받고 싶거나 애착하는 사람에게 더 많이 주고 싶어 한다. 어쩌면 이런 경우에는, 주고 싶지 않은데 주어야 하는 경우보다 더 많은 인내가 필요할지도 모른다. 내가 주려는 걸 상대방도 원하는지를 우선 고려해서, 그렇지 않다는 판단이 서면 주는 걸 참아야 하기 때문이다. 이를테면 자녀를 향한 부모의 사랑이 그렇고, 부부관계나 친구관계 같이 친밀한 사이에서 주거나 받는 일이 그렇다. 이런 관계에서는 관심이 간섭으로, 사랑이 집착과 미움으로 변질되어 종국에는 모두 고통을 겪기 십상이다.

인욕바라밀은 우리가 평소에 생각하던 것처럼 그렇게 모질게 참고 견디는 심리 상태보다는 오히려 그냥 일상의 관계 속에서 이루어지는 좀 더 잔잔하고 미세하게 절제하고 조절하는 심리 상태인지도 모른다. 엄밀하게 말하면, 자기중심적 사고나 시각에서 타자중심적 사고와 시각으로 전환하는 과정들이 인욕바라밀이라고 할 수 있겠다.

정진바라밀
열심히 하되
무리하지는 말자

　　　　　　　　　　육바라밀의 네 번째는 정진바라밀
이다. 정진(精進)은 부지런히 최선을 다해서 노력하는 것을 말한다. 이를테면 이미 생겨난 건강하지 않은 행위는 재발되지 않도록 부지런히 노력하고, 아직 일어나지는 않았지만 잠재된 건강하지 않은 행위는 발생하지 않도록 미리 예방하고, 이미 생겨난 올바르고 건강한 행위는 더욱 발전시키고, 잠재된 건강한 행위는 잘 자라도록 부지런히 힘쓰는 네 종류의 올바른 노력(四正勤)이 정진의 대표적인 예라고 할 수 있다.

　　정진바라밀도 지계바라밀이나 인욕바라밀과 마찬가지로 삼륜청정한 보시바라밀을 완성하는 데 필수 요소 가운데 하나다. 보시를 실천하면서 그 대가로 돌아올 다른 형태의 이익, 명예, 인정, 사랑 등을 의도적으로 계산하고 기대했다면, 그것은 이미 생겨난 그릇된 행위이므로 보시바라밀이 아니다. 그러므로 그와 같이 계산하고 뭔가를 기대해서 보시행을 반복하지 않도록 자신의 내면을 부지런히 살피고 자각하는 훈련이 필요하다. 이것이 첫 번째 올바른 정진이다. 또한 무의식으로라도 자신에게 되돌아올 이익을 계산하고 기대하지 않도록 알아차리는 훈련을 게을리하지 않아야 하는데, 이것이 두 번째 올바른 정진이다.

만일 아무런 기대나 계산 없이 무심한 마음으로 오직 상대방의 입장에서 보시행을 했다면, 그러한 마음을 더욱 증장시키는 것이 세 번째 올바른 정진이다. 더러는 사심 없이 보시할 마음이 있어도 선뜻 나설 용기가 부족하거나 행동으로 옮길 만큼의 추진력이 부족한 경우가 있다. 그럴 때 자신의 내면에서 일어나는 선한 마음의 동기를 알아차리고 강한 의지를 발동시켜서 행동으로 옮기는 노력이 네 번째 올바른 정진이다.

정진바라밀에서 또 하나 중요한 것은 중도적 노력이다. 노력이 지나치면 보상을 기대하는 것이 우리의 심리다. 무리하게 노력하는 사람은, 자기처럼 무리해서 노력하지 않는 사람을 보고서 자기도 모르는 사이에 그들을 무시하고 판단하는 악업을 짓는다. 그래서 참선 수행에 집착하는 사람은 주변의 정상적인 소리를 소음으로 지각하고 예민하게 반응하는 경향이 있다.

무리하게 소식(小食)하는 사람에게는 정상적으로 필요한 자기 양만큼을 먹는 사람이 과식하는 미련한 존재처럼 보일 것이다. 잠자는 시간을 지나치게 아까워하고 애쓰는 사람의 눈에는 필요한 만큼 자는 사람이 공연히 게으르고 나태해 보이기도 한다. 그들은 모두 제7 마나식의 작용에 의지해 정진하기 때문에 자아를 중심으로 타자를 판단하는 오류를 범하고 있다.

정진바라밀은 중도 수행으로 실천하지 않으면 제7 마나식의 자아의식이 작동하고 강화되는 조건이 형성된다. 바라밀 수행에 마나식이 작동하는 조건이 형성된다는 말은 항해하는 도중에 태풍과 토네이도를 만난다는 것과 같은 의미다. 즉 자아의식이 동반되는 정진은 아집을 살찌우고 아집에 휘둘리기 때문에, 오히려 하지 않음만 못한 결과를 낳을 수 있다. 그러므로 맑고 잔잔한 바다에서 항해를 하기 위해서는 중도에 따르는 정진이 절대적으로 필요하다.

선정바라밀

굿바이
'나 홀로 고요함'

육바라밀의 다섯 번째는 선정바라밀이다. 선정(禪定)은 잡념이 제거되어 산란한 마음이 사라지고 한곳에 집중하여 고요하고 평화로운 상태. 선정바라밀은 앞의 세 바라밀, 즉 지계바라밀, 인욕바라밀, 정진바라밀이 바탕이 되었을 때 얻을 수 있는 마음 상태다. 물론 이 바라밀들은 앞뒤 순서가 있는 게 아니라 상호의존하며 연결되어 있다고 이해하는 것이 더 정확할 것이다.

그런데 선정바라밀 수행의 목적은 단지 마음을 가라앉히고 분별망상을 멈추어 고요하고 평화로운 마음 상태를 성취하는 것이 전부가 아니다. 앞에서 이미 밝혔듯이, 육바라밀에서 핵심은 보시바라밀이다. 완전한 보시바라밀, 즉 삼륜청정한 보시바라밀에는 지계, 인욕, 정진, 지혜와 아울러 선정이 구체적으로 드러나야 한다.

우리는 선정이 무엇인지, 또 선정 상태에서 마음이 어떠한지에 대해서는 수없이 들어왔다. 또한 선정을 이루기 위해서 행하는 수행의 전형에 대해서도 어느 정도 공감대를 형성하고 있다. 이를테면 세상과 동떨어진 외딴 곳에서 사람을 멀리하고 홀로 선정에 들어 고요함에 머무는 것 같은 수행을 상상할 수 있다. 물론 씨를 뿌리고 새싹이 어느 정도 돋아날 때까지는 온실에서 보호하는 것이 필요할지도 모른다. 그러나 대승불교에서 깨달음의 목적이 중생을 이롭게 하는 데 있음을 염두에 둔다면, 그와 같이 중생을 떠나서 따로 행하는 수행이 노력한 만큼의 효과가 있을까 하는 의문이 들 것이다.

일상의 인간관계, 특히 나눔의 관계 속에서 선정이 유지되고 그 에너지가 살아서 작용하는 것이 아니라 소외되고 격리되었을 때만 유지되는 나 홀로 고요함을 초세간적 심리 상태로 이해하면 곤란하다. 선정바라밀이란, 보시를 행할 때 내가 준다는 자아의식이나 받는다는 자아의식이 사라지고, 대가를 기대하는 산란한 마음이 제거되어 고요하고 평정해진 마음 상태를 의미한다. "행위는 있되 행위자는 없다."는 『능가경』의 표현을 빌리면, 보시는 있되 보시자는 없는 그런 상태가 선정바라밀이 아닌가 싶다.

『금강경』에 나오는 붓다와 수보리의 대화를 통해서 우리는 선정바라밀의 의미를 보다 선명하게 이해할 수 있다. 붓다가 수보리에게 당신이 한 가지 가르침이라도 설한 일이 있느냐고 물었다. 이 물음에 수보리는 붓다가 한 가지 가르침도 준 일이 없다고 대답한다. 이 대목에서 우리는 진리를 가르쳐주는 보시바라밀(법보시)의 가장 이상적인 모델, 즉 행위는 있되 행위자는 없는 주객일여(主客一如)가 무엇인지를 엿볼 수 있다.

주고받는 보시행에 얼마만큼 선정바라밀이 잘 적용되느냐에 따라서 우리의 인간관계와 사랑의 관계는 차원이 달라진다. 부모가 자식에게 한없이 베풀고도 준 것을 알지 못하면, 그것은 부모의 선정바라밀이라 할 수 있다. 부부간에 주고도 준 것을 알지 못하면, 그것이 부부의 선정바라밀이다. 친구 사이에 주고도 준 것을 알지 못하면, 그것은 친구 사이의 선정바라밀이다.

요즘에는 만나고 헤어지는 사람들 사이에서 커다란 공격성이 분출되어, 때론 끔찍한 범죄로까지 이어지기도 한다. 이러한 사건들은 인간관계에서 잘못된 주고받음이 얼마나 위험한 결과를 초래할 수 있는지를 말해준다. 자기 마음이 주고 싶어도 상대의 필요와 상황을 무시한 채 무조건 퍼부어주는 것을 삼가고, 주기 싫어도 주어야 할 몫이 있으면 기꺼이 줌으로써 무절제하게 감정에 휩싸이는 일을 사전에 막는 것이 중요하다.

주고받는 관계에서 상황과 타이밍에 유의하고, 절도를 지키며, 친절과 인내를 유지하려는 노력은 선정바라밀의 기본이 된다. 그래야만 누가 더 주고 누가 덜 주었다는 손해 본 느낌 때문에 섭섭하고 화나는 산란한 마음에서 근본적으로 자유로울 수 있을 것이다.

지혜바라밀
'나'는 어떻게 생겨나고 작동하는가?

　　　　　　　　　육바라밀의 여섯 번째는 지혜바라밀이다. 지혜는 연기, 즉 무아와 무상에 대한 자각과 깨달음을 의미한다. 이러한 자각과 깨달음은 우리들의 삶과 인간관계 속에서 집착하지 않는 구체적 행위로 드러난다.

　　한 번쯤 마음공부를 치열하게 해본 사람이라면, 인간의 마음 작용 가운데 가장 큰 특징이 '나'를 창조하는 기능이라는 데 쉽게 공감할 수 있을 것이다. 우리는 비록 삶의 현장에서 온갖 사람들과 외부의 원인 및 사건들에 부딪쳐 힘들어하고 고통스러워하지만, 결국 마음의 마지막 지점에서 만나는 것은 우리 자신, 바로 '나'다.

　　우리는 처음부터 타인, 사건, 대상 들을 있는 그대로 보고 관계하는 것이 아니라, 우리가 창조한 '나'를 통해서 외부의 대상을 판단하고 이해한다. 그 결과 행복과 불행의 순간에도, 사랑과 미움과 질투와 분노 같은 모든 심리 상태의 중심에도 언제나 '나'가 자리하고 있다. 그럼에도 우리는 그 '나'가 왜 생겨났는지, 어떻게 작동하는지를 알지 못한 채, 상처받고 아파하고 분노하는 '나'를 어쩔 줄 몰라 하며 수시로 파괴적인 행위에 내몰리곤 한다.

불교의 유식 심리학에서는 '나', 즉 자아의식을 창조하는 심리 과정이 제7 마나식에서 이루어진다고 가르친다. 마나식은 스스로 창조한 '나'에 대한 집착, 사랑, 자만, 착각, 무지를 특징으로 한다. 지혜바라밀은 바로 이 마나식의 실체를 명료하게 이해하는 것과 관련되어 있다. 마나식의 실체에 대한 자각은 진정한 자아, 인위적으로 창조된 것이 아닌 있는 그대로의 자아가 바로 '무아'임을 깨닫도록 우리를 이끌기 때문이다.

다시 말해서 우리가 창조한 '나'의 실체가 무아임을 깨닫기 위해서는 반드시 가짜 '나'가 만들어지는 기제에 대한 이해가 필요하다는 의미다. 엄밀하게 말하면, 자아가 만들어지는 심리 기제와 원인 들에 대한 철저한 이해 없이 연기, 무아, 무상에 대해 깨달았다고 하는 것은 분명 궁극의 깨달음에 이르지 못한 불완전한 자각이다. '변계소집성(偏計所執性)', 즉 '요모조모 계산하고 따져서 만들어진 현상적 자아'를 통하지 않고 자아 너머의 본질을 자각하는 일은 이치적으로 가능하지 않기 때문이다.

앞에서 누누이 강조했듯이, 육바라밀에서 뒤의 다섯 바라밀은 첫 번째 보시바라밀을 온전하게 완성하기 위한 방법들이다. 그런 맥락에서 지혜바라밀은 보시바라밀을 완성하기 위한 최종 밑거름이라 할 수 있다. 지혜바라밀은 보시행이 마나식이 창조한 '나'에 대한 자만을 강화하는지 아니면 그 '나'에 대한 집착과 사랑을 정화하는 해독제로 작용하는지에 대한 자각력을 높이는 기능을 담당하기 때문이다.

또한 지혜바라밀은 보시가 '자아'의 만족과 충족, 또는 '자아'의 존재감을 확인하고 강화하는 동기에서 비롯되는지 여부를 명료하게 알아차리도록 돕는다. 이를테면 우리가 할 수 있는 가장 아름다운 보시인 사랑이 '나'의 작용, 즉 아만, 집착, 착각, 무지 등과 맞물리면 상상을 초월하는 공격성과 고통을 양산할 수 있음을 지혜바라밀을 통해 알아차리는 것이다. 우리 사회에서 사랑의 이름으로 공격하고, 조종하고, 억압하고, 심지어는 살인도 하는 경우를 볼 수 있는 건, 바로 그런 사랑에 지혜바라밀이 생략되어 있기 때문이다.

상대방이 받을 준비가 되어 있을 때, 합당하고 꼭 필요한 것을 주기 위해서는 반드시 무상과 연기의 이치를 알아야 하고, 무아를 바탕으로 보시를 해야 한다. 그렇게 한다면,『금강경』에서 "45년간 설법을 하시고도 한 법도 설하신 바가 없다."고 하신 붓다의 진정한 가르침, 궁극의 깨달음에 더 가까이 다가갈 수 있을 것이다.

십바라밀

네 가지 바라밀이
더 필요한 이유

이제 십바라밀을 살펴보자. 십바라밀이란 육바라밀에 방편(方便), 원(願), 역(力), 지(智)의 네 가지 바라밀을 더한 것이다. 그런데 이들 각각에 대해 언급하기에 앞서 십바라밀이 왜 필요한지를 먼저 생각해보는 것이 중요할 것 같다. 이는 왜 육바라밀로 충분치 않고 이들 네 가지 바라밀이 더 필요했을까 하는 의문이다.

다음의 경우를 생각해보자. 어떤 수행자가 진지하게 깨달음을 열망하면서 치열한 구도의 길을 걸었다. 마침내 그는 깨달음을 이뤄 사람들을 향해 세상은 모두 하나고, 중생이 바로 붓다라고 선언했다. 자 이제 어떤 풍경이 펼쳐질까? '나'와 '너'가 하나고 중생이 붓다이니, 그가 중생에게 절을 하고 공경하는 마음으로 가르침을 받으러 다닐까? 말이나 주장에 그치지 않고 진실로 중생이 붓다라고 믿는다면 그렇게 해야 도리에 맞는 것처럼 보인다. 하지만 현실은 정반대다. 그는 중생에게 절을 하고 가르침을 받는 대신, 도리어 붓다인 중생들에게 절을 받고 설법을 한다. 그 이유가 뭘까?

또 다른 질문을 던져보자. 육바라밀에 지혜바라밀이 있는데, 십바라밀에 왜 지(智)바라밀이 있을까? 둘 사이엔 다른 점이 있는 것일까? 치유라는 관점에서 『유식 30송』의 5단계 수행 과정을 바탕으로 설명하면, 육바라밀의 지혜는 무분별지(無分別智)에 해당하고, 십바라밀의 지혜는 분별지(分別智)에 해당한다.

무분별지는 우리가 대상을 경험할 때 경험하는 '나'와 경험되는 대상인 '너'를 이원적으로 차별하지 않고 '나'와 '너'를 하나로 볼 수 있는 지혜를 의미한다. 이와 달리 분별지는 무분별의 지혜, 즉 인식하는 '나'와 인식되는 '너'의 일체성을 바탕으로 '나'와 '너'의 차이를 인식하는 지혜다. 그러니까 '나'와 '너'는 본질이 같고 하나지만, 환경과 조건에 따라 서로 다르게 생겨나고 작용한다는 뜻이다. 이를테면 선 수행의 화두 가운데 하나인 '만법귀일 일귀하처(萬法歸一 一歸何處)', 즉 '일체 현상은 모두 하나로 귀결되는데, 그 하나는 어디로 돌아가는가?'를 이해하도록 돕는 힌트가 여기에 숨어 있다. 일체 현상이 하나로 돌아간다는 사실을 아는 지혜가 무분별지라면 그 하나하나가 다시 각각의 현상으로 드러난다는 사실을 아는 지혜를 분별지라 할 수 있는 것이다.

그러면 이제 육바라밀에 더해서 네 가지 바라밀을 더 닦아야 하는 이유를 치유라는 관점에서 생각해보자. 여섯 번째 바라밀에서 '나'와 '너'가 하나라는 사실을 깨달았다. 그러나 이 단계의 깨달음은 그야말로 인식 수준에서만 깨달은 것이다. 그걸 인식 수준에서 깨달았다고 해서 깨닫기 이전 상태에서 해온 수많은 과거 경험과 행위들이 한꺼번에 변화하지는 않는다. 인식은 깨달음의 순간에 바뀔 수 있지만, 몸으로 익힌 습관은 몸으로 다시 습관을 들이는 시간이 필요하다. 우리는 그것을 내재화 또는 체득이라고 부른다.

그러면 이번에는 구체적으로 어떻게 체득하고 내재화할 것인지의 문제가 떠오른다. 십바라밀의 네 가지 바라밀이 바로 자기가 본 진리를 체득하고 내재화하는 과정과 방법이다. 그 네 가지 바라밀은 인식 주체인 자아와 인식 대상인 타자가 둘이 아니라 하나라는 진리를 미처 깨닫지 못한 타자들에게, 자신이 깨달은 바를 친절히 가르쳐주는 보시 행위다.

십바라밀이란 한마디로 육바라밀 수행에서 얻은 지혜를 실제 삶과 인간관계 속에서 실천해가는 과정이다. 그것을 실천하는 자가 바로 보살이고, 그 보살의 종착점에 붓다가 있다.

방편바라밀
친구와 함께하면 공부가 즐겁다

　　　　　　방편바라밀은 육바라밀 수행에서 얻은 지혜, 즉 너와 내가 독립하여 존재하는 분리된 존재가 아니라 연기적으로 존재하며 상호의존하는 구분이 없는 존재라는 사실을 아직 알지 못하는 사람들을 깨우치는 수단과 방법을 터득해가는 과정이라고 볼 수 있다. 물론 이러한 수단과 방법은 고통받는 사람들을 직접 위로하고 돕는 행위를 통해 몸으로 체득해가는 과정이지 이론이나 관념으로 알아가는 것이 아님은 두말할 필요가 없다.

　유식론 관점에서 보면 방편바라밀을 행하는 자는 일단 진리를 보는 (유식오위의 세 번째 단계인 견도) 단계에 도달한 사람이기 때문에 진정한 의미의 대승보살이라 할 수 있다. 그는 자아를 타자와 구분하면서 남보다 잘나고 돋보이고 싶어서 애쓰고 고통받는 사람을 향해, 사실은 자아와 타자가 동일한 것이니 그리 애쓰지 말고 내려놓아도 좋다는 진리를 전하는 메신저다. 그러나 많은 사람이 그의 말을 알아듣지 못하거나 믿으려 들지 않는다. 그래서 그는 사람들의 관심을 이끌어내고, 그들이 알아들을 수 있는 말로 설명하고 가르치기 위해서 온갖 방편을 고안하기에 이르렀다.

아마 인류의 모든 종교를 통틀어 가장 복잡하고 많은 교리서를 가지고 있는 것이 불교가 아닌가 싶다. 거기서 그치지 않고 불교에는 각종 의식과 다양한 수행법까지 있어서, 어떤 때는 너무 복잡하다는 느낌마저 든다. 그러나 방편이 많다는 것은 그만큼 상황과 조건에 맞는 객관적이고 합리적인 유연성이 있다는 의미다.

다만 어느 것이 방편이고 어느 것이 방편이 아닌지에 대한 이해는 반드시 필요하다. 다시 말해 방편바라밀의 목적은 법보시인데, 법보시 여부를 판단하는 준거가 무엇인지를 분명히 이해해야 한다는 뜻이다. 붓다의 법을 말한다고 해서 그것이 무조건 법보시가 되는 것은 아니다. 마치 거리에서 '예수불신지옥'을 떠드는 자가 사실은 가장 반기독교적이듯이 말이다.

불교에는 지혜로운 자가 그릇된 법을 행하면 그릇된 법이 올바른 법이 되고 어리석은 자가 올바른 법을 행하면 올바른 법이 그릇된 법이 된다는 가르침이 있다. 여기서 지혜로운 자란 적어도 육바라밀 수행을 어느 정도 완성한 이를 가리킨다고 보면 된다. 그렇다면 아직 육바라밀을 충분히 닦지 않은 자는 붓다의 법을 말하거나 가르칠 수 없다는 말인가? 그건 아니다. 다만 자신이 누군가를 가르친다든지 법보시를 행한다는 착각을 내려놓고, 그냥 더불어서 함께 공부하고 서로 가르치고 배우는 도반이라는 자세를 갖는 것이 사실에 더 부합하지 않겠느냐는 의미다.

불법(佛法)을 전달하고 나누는 데 최상의 방편바라밀은 나누고자 하는 대상과 친구가 되는 길이다. 진실로 상대의 입장을 이해하고 공감하는 다정한 벗의 소리로 다가갈 때, 불법은 난해함과 진부함에서 벗어나서 생동감, 신선함, 자유와 같은 고유의 모습으로 되살아날 수 있다.

원바라밀

중생과 함께하면
염원이 깊어진다

　　　　　　　　　　일곱 번째 방편바라밀을 수행하는
과정을 통해서, 개인의 조건과 상황에 맞는 보시를 하려는 보살의 노력이
깊어지면서 개개인에 대한 이해와 연민심도 아울러 커져간다. 그리하여
보살은 자신과 인연한 중생들도 하루 속히 붓다의 법을 깨닫고 고통에서
벗어나, 더 평화롭고 행복하기를 발원하는 마음이 깊어지고 간절해진다.

　방편바라밀을 수행하는 보살은 중생을 제도하기 위한 방편으로 사섭법(四攝法), 즉 보살이 중생을 대하는 네 가지 기본 태도인 '진리를 가르쳐주고 재물을 베풀며(布施攝), 사랑스러운 말로 대하며(愛語攝), 이익이 되는 행을 하며(利行攝), 고락을 함께함(同事攝)'으로써 중생을 깨달음으로 이끈다. 원(願)바라밀에서는 중생을 향한 그 마음이 더욱 깊어져서 특별히 인위적으로 노력하지 않아도 중생을 향한 끝없는 마음이 보살의 가슴 밑바

닥에서 흘러나오게 되는데, 이것이 헤아릴 수 없는 네 가지 끝없는 마음인 사무량심(四無量心)이다. 『대지도론』 권 20에 의하면, 사무량심은 자비희사(慈悲喜捨) 네 가지 마음을 뜻한다. 여기서 자(慈)무량심은 중생에게 기쁨을 주려는 마음이고, 비(悲)무량심은 중생을 고통에서 건져주려는 마음이며, 희(喜)무량심은 중생의 기쁨을 자신의 기쁨으로 여기는 마음이다. 그리고 마지막 사(捨)무량심은 이들 세 가지 무량심을 실천하면서 사심과 치우침이 없는 평정한 마음으로 행하려는 마음이다.

 이제 또 다른 관점에서 원바라밀을 이해해보자. 아직 깨달음을 얻지 못한 중생은 너와 내가 서로 독립하여 존재하는 분리된 존재라고 굳게 믿으며, 그래서 '나'와 '나의 것'에 집착하고 개체로서의 나의 존재 의미와 가치를 추구한 나머지 실존적 외로움과 고통에 시달리고 있다. 방편바라밀은 그러한 중생들의 수준과 상황에 맞는 가르침을 주고, 그들과 더불어 고락을 함께하면서 그들의 입장에서 이해하고자 하는 노력이기 때문에, 어떤 의미에서는 보살이 중생에게서 세속 현상을 배우는 과정이기도 하다. 이와 같이 보살은 중생에게서 세간을 배우고 중생은 보살에게서 초세간을 배우는 과정이 방편바라밀이다.

 그렇게 해서 보살이 중생을 어느 정도 이해하게 되면, 보살은 오직 중생의 깨달음과 행복만을 바라는 원바라밀 단계에 진입하게 된다. 이때 보살은 일심으로 중생의 기쁨과 행복과 깨달음을 염원하고, 보살의 신구의(身口意) 삼업은 그 염원을 완성하기 위한 말과 행동으로 나타나고, 뜻으로 가득 차게 된다. 그야말로 보살은 자아를 망각한 채 오로지 타자를 위한 행위, 실천, 존재로서 현존하는, 타자중심적 삶의 극치를 보여주는 것이다.

그 결과 중생과 보살 사이에 존재하던 경계가 점차 허물어지면서 중생의 내면에 깊이 잠재된 '진여불성(眞如佛性)', 즉 '본디 갖고 있는 붓다가 될 품성'이 작용하기 시작한다. 오직 중생의 기쁨과 행복과 깨달음을 갈망하는 보살의 진심이 마침내 중생의 두꺼운 업장을 녹이고 그들 내면에서 잠자던 불성, 본래면목을 두들겨 일깨우는 것이다.

역바라밀
나와 너의 경계가 무너질 때
힘이 생겨난다

　　　　　　육바라밀 수행까지는 비록 보살이 타자를 향해 이타심을 배양하고는 있으나 그 행위의 중심축은 어디까지나 자아에 있다. 왜냐하면 그 수행의 근본 동기와 목적, 수행 과정이 보살이 자신의 신구의 삼업을 닦는 데 있기 때문이다. 육바라밀 수행을 통해 보살은 타자, 사회, 환경, 자연, 우주와 더불어 연기적이고 유기적 관계를 실천하는 데 장애가 되는 자신의 숙업을 정화한다.

　그러나 방편바라밀과 원바라밀에 이르면 보살 수행의 중심축이 자아에서 타자로 옮겨 간다. 그리하여 보살의 신구의 삼업은 그야말로 타자를 위한, 타자에 의한, 타자가 중심인 바라밀행이 된다. 이 두 바라밀 수행을 통해 타자와 더욱 적극적이고 헌신적인 관계를 맺고 소통하여 더 가깝게 연결되는 것이다. 이는 보살의 입장에서 보면 자아의 구속에서 자유로워지는 과정이고, 타자의 입장에서 보면 깨달음에 도움이 되고 이로운 다양한 수단과 방법이 개발되고 실천되는 과정이다.

십바라밀의 아홉 번째인 역(力)바라밀에 이르면 육바라밀의 자기중심 수행과, 일곱 번째와 여덟 번째 바라밀의 타자중심 수행이 마침내 조화와 균형을 이루어 자아와 타자의 경계가 허물어진다. 이를 여섯 번째 지혜바라밀에서 주객의 경계가 없음을 인식 수준에서 이해한 것과는 달리, 자아와 타자가 하나임을 몸으로 체득하고 내재화된 상태라고 이해하면 좋을 것이다. 그 결과 보살이 행하는 일체의 행위에는 힘, 즉 신비력이 따른다.

이 단계에 이른 보살은 자타의 구분 없이 타인의 일을 마치 자신의 일처럼 온 마음과 정성으로 행한다. 이러한 보살의 이타심에 감동을 받은 주변 사람들의 마음 또한 보살의 원력과 이타심의 실천을 완성하는 데 동참하고자 하는 자연스런 에너지로 채워진다.

붓다의 가르침에 의하면, 화내는 자는 주변 사람들을 화나게 만들고 우울한 자는 주변 사람들을 우울하게 만든다. 마찬가지로 선한 사람은 타인을 선하게 만들고 이타적인 사람은 타인을 이타적으로 만든다. 남의 일을 자기 일처럼 하고, 타인의 행복과 이익을 위해 전념하는 보살은 능히 주변을 변화시킨다. 나아가 온 사회와 우주가 보살의 일을 돕고 동참하게 만드는 신비한 힘을 발휘하도록 만든다.

그리하여 역바라밀을 행하는 보살은 하는 일마다 불보살이 돕는 불가사의한 일들이 일어나는 것이다. 그 가운데 으뜸은 역시 자아정체감 혼란으로 실존적 위기에 처한 이들을 한순간에 제도하여 그들을 깨달음의 길로 인도하는 뛰어난 능력일 것이다.

우리들 대부분은 성장 과정에서 너와 내가 하나라는 사실을 깨닫기 전에, 주로 부모나 우리를 돌봐주는 이들과의 유아적(의존적) '일체감'과, '나'라고 하는 개체성(독립성)을 먼저 추구하게 되어 있다. 그러한 자아정체감의 확립 과정에 있거나 혼란에 처한 사람들은 실존적 공허와 불안을 경험하고서는 종교적 삶 또는 영적인 가르침에서 위안을 구하게 된다. 이때 그들이 만나는 보살의 정신 수준이 십바라밀의 어느 단계에 해당하는가에 따라서 그들이 얻게 될 마음의 평화와 깨달음은 그야말로 천차만별이 된다.

역바라밀 단계에 있는 보살이라면 그들의 내면세계를 한순간에 기쁨과 위안으로 채워서 깨달음의 길로 나아가게 할 수 있다. 그러나 육바라밀 단계에 있는 보살이라면 그런 극적인 만남은 불가능하다. 전자는 자타를 초월해 있기 때문이고, 후자는 자기중심적 수행 단계에 머물러 있기 때문이다.

지바라밀

지혜는 몸으로
익혀야 한다

　　십바라밀의 마지막 단계는 지(智)바라밀이다. 그런데 육바라밀의 여섯 번째도 지혜바라밀이다. 그러므로 우리는 여섯 번째 바라밀의 지혜와 열 번째 바라밀의 지혜가 어떻게 다른지를 이해할 필요가 있다.

　　육바라밀에서 지혜는 주객 이원성이 통합되고 초월된 최초의 깨달음이다. 반면에 열 번째 바라밀에서 지혜는 그렇게 깨달은 지혜가 방편바라밀, 원바라밀, 역바라밀 등을 거치면서 주객 이원성이 실제 삶의 현장에서 통합되어서 감각, 느낌, 정서, 인지, 기억 등 마음의 전 영역을 통해서 내재화된 지혜다.

　　이를 유식오위(唯識五位) 수행에서 보면, 전자는 세 번째 단계인 견도(見道) 수준이고 후자는 마지막 단계인 법신불 수준이라고 할 수 있다. 또 여섯 번째 지혜는 무분별 지혜에 해당하고 열 번째 지혜는 분별 지혜에 해당한다고 볼 수 있다. 무분별 지혜가 만물의 근원적 동일성과 일체성에 대한 이해라면, 분별 지혜는 그 일체성이 상황과 조건이라는 인연을 만나서 다시 진공묘유(眞空妙有)로 드러나는 다양성에 대한 이해라고 볼 수 있다.

무분별 지혜는 만물이 본질적으로 연기되어 있으며 상호의존하여 존재한다는 사실과, 일체 현상은 상대, 즉 환경과 조건에 따라 끊임없이 변화한다는 사실을 깨달은 것이다. 그러나 그러한 깨달음을 얻었다고 해도 실제로 만물과의 관계 속에서 온몸으로 체득하고 내재화하지 않으면, 깨달음 이전에 형성된 업, 즉 과거 기억과 경험과 습관의 힘에 여전히 압도당해 지배를 받게 된다.

그래서 어쩌면 우리 가운데 육바라밀 단계에서 경험한 선정과 지혜가 세속에 더럽혀지고 손상되는 것이 두려워, 세속에서 벗어난 삶의 방식을 고수하고 세속에서 멀리 떨어져서 고요히 머물고 싶어 하는 이가 있는지도 모른다. 그러나 그것은 도교의 태도에 가깝지, 불교적인 것은 아니다.

그것은 선(禪)적 태도는 더더욱 아니다. 선 수행 과정을 그림으로 묘사한 심우도를 보더라도 주객일여의 8단계는 원래 도교 수행의 최고 단계고, 선은 그 깨달음을 실제 삶의 현장에서 실천하고 체화하는 9, 10단계의 과정을 거쳐서 비로소 완성된다.

아직도 불교 수행의 궁극 목적을 깨달음이라고 주장하는 이들이 있다. 그러나 깨달음은 행복을 위한 수단이고 방편이지 목적이 아니다. 왜 대승불교가 육바라밀에서 끝나지 않고 십바라밀을 이야기하고 있는지를 진실로 고민한다면 충분히 그 이유를 알 수 있을 것이다. 육바라밀 수행만으로는 이타적 사랑을 실천하고 전법에 온전히 자신을 던질 수 있는 원동력을 얻을 수 없다. 선정과 지혜를 얻었으면 그것을 아직 얻지 못한 사람들을 위해서 나누고 실천하는 과정이 필요한데, 그 과정이 결여되어 있기 때문이다. 그런데 나누고 실천하는 과정이 없다면 그것을 어찌 대승불교라고 할 수 있겠는가.

바라밀은
서로 돕는다

　　　　　　　　　　　　십바라밀의 핵심은 보시다. 보시는 물질, 깨달음, 편안한 마음을 더불어 나누고 공유하는 것을 의미한다. 정도 차는 있지만 우리는 누구나 자기중심적이기 때문에 물질을 탐하고 진리에 어두워서 서로 갈등한다. 뿐만 아니라 서로 사랑하는 사람들과도 온전히 사랑하지 못하고 사랑과 미움, 만남과 헤어짐을 반복한다. 보시를 가장 온전하게, 즉 가장 합당한 것을 가장 합당한 시간과 대상에게 주기 위해서는 절도가 필요하다. 그것이 지계바라밀이다. 주지 말아야 할 사람에게 주거나 필요 이상으로 주면 도리어 상대의 성장을 가로막는 꼴이 될 수 있기 때문이다.

　그래서 때로는 주고 싶어도 상대를 위해서 주는 걸 참아야 하고, 때로는 주기 싫어도 주어야 하는 상황에 직면하게 된다. 그래서 인욕바라밀이 필요하다. 그리고 인욕바라밀을 더욱 적극적으로 실천하기 위해서 정진바라밀이 필요하다. 정진바라밀은 보시하는 행위와 마음을 사념처 수행을 통해 더욱 잘 자각하고, 올바른 행위를 방해하는 걸림돌은 사정근을 통해서 부지런히 제거해가는 것을 일컫는다.

한동안 그렇게 열심히 노력하다 보면 어느 순간부터인가 마음이 고요하고 순탄해져서 선정 상태를 경험하게 된다. 모든 것을 있는 그대로 비추고 왜곡된 마음이 없는 선정 상태는 자연스럽게 불이(不二)의 지혜바라밀로 우리를 이끈다. 너와 내가 둘이 아니고 하나이며, 우리는 모두 연기적 존재로서 서로 의지하고 있다는 사실에 대한 깊은 깨달음은, 아집을 깨고 세상과 소통하며 깨달음을 몸으로 실천하도록 추동한다. 그렇게 해서 얻어지는 것이 방편바라밀이다.

사무량심과 사섭법 등으로 세상과 소통하는 과정을 통해 진실로 일체 만물의 깨달음과 행복을 염원하게 되는데, 그것이 원(願)바라밀이다. 사심 없이 오직 일체 만물의 평화와 행복을 갈구하는 진실한 마음은 자연히 주변을 감동시키고 사람들의 마음을 움직이는 신비한 힘을 낳는다. 이것이 역(力)바라밀이다. 역바라밀을 통해 일체 만물이 진실로 하나이고 서로 깊이 연결되어 있음을 온몸과 온 마음으로 받아들이면, 마침내 궁극의 지혜에 도달하게 된다. 그것이 지(智)바라밀이다.

우리는 대부분 상황과 맥락과 조건을 무시한 채, 십바라밀을 서로 떨어져 있는 것으로 이해하고 따로따로 수행한다. 이를테면 지계의 궁극 목적이 올바른 보시를 하는 데 있다는 사실을 알지 못한 채, 무조건 계를 지키는 데 의미를 두는 것이다. 그렇게 되면 지계를 통해서 좀 더 자비롭고 따뜻한 사람이 되는 것이 아니라 도리어 냉정하고 비판적인 사람이 된다. 그 결과 계를 지키면 지킬수록 상대의 입장을 배려하고 소통하는 열린 사람이 되는 대신 꽉 막히고 독선적이고 자기중심적인 사람으로 변해갈 수도 있다.

또 어떤 사람은 육바라밀이나 십바라밀을 실천 수행하는 과정으로 이해하기보다는 그냥 관념과 이론으로만 받아들여서, 순서와 뜻을 잘 외우는 것이 참된 바라밀 수행이라고 착각하기도 한다. 또 어떤 이는 깨달음의 궁극 목적이 좀 더 많이 그리고 더 깊은 연민심을 실천하는 데 있다는 사실을 망각하고, 억지로 무리를 해가면서 오직 깨달음에만 매달린다. 그러나 어떤 수행이든 서로 나누고 공유하는 보시의 마음을 궁극 목적으로 하지 않는 한, 진정한 의미의 깨달음과 자비심을 얻는 일은 쉽지 않아 보인다.

6장

오정심관

건강하지 않은 마음을 다스리는
다섯 가지 방법

붓다의
맞춤 처방전

마음의 평화와 원만한 인간관계를 방해하는 가장 대표적인 건강하지 않은 심리 상태는 탐욕, 화, 무지라는 세 가지 독성과 자아에 대한 집착(我執), 그리고 분별하는 산란한 마음이다. 우리는 일상의 삶과 인간관계 속에서 이 다섯 가지 요소들에 휩싸이고 얽매여 살고 있다.

오정심관(五停心觀)이란 이들 다섯 가지 건강하지 않은 심리 상태를 제거하는 다섯 가지 수행법이다. 부정관, 자비관, 인연관, 계분별관, 수식관 등이 여기에 속한다. 오정심관의 '관'을 통찰, 관찰을 의미하는 관(觀, vipaśyanā)의 명상이라고 해석하는 이도 있고, 어지럽고 산란한 마음을 가라앉히고 멈추게 한다는 의미에서 지(止, śamatha)의 명상이라고 여기는 이도 있다.

누구든지 깨달음의 길로 나아가고자 하는 사람이라면 오정심관을 통해 먼저 이 다섯 가지 건강하지 않은 심리 요소들을 어느 정도 제거(치료)하고 출발해야 한다. 모두 제거하지는 못하더라도, 일단 자기에게서 유난히 두드러진 건강하지 않은 정신 장애물을 가라앉히고 나서 지혜를 닦는 훈련을 시작하는 것이 효과적이다. 그러지 않고 무작정 깨달음을 얻겠다고 나아가는 것은, 심한 감기몸살을 앓는 사람이나 팔다리가 부러진 사람이 등산을 하겠다고 나서는 것과 같다. 하지만 등산을 잘하기 위해서는 무엇보다도 건강한 육신이 필요하듯, 깨달음을 향한 마음 여행 또한 일정 수준의 건강한 심리 상태가 필요하다.

치료란 아픈 곳을 고치는 일이다. 팔이 아프면 아픈 팔을 치료해야지 엉뚱하게 아프지도 않은 발가락을 치료해서는 안 된다. 마음 치료도 마찬가지여서, 화가 많아 평소에 인간관계를 그르치고 감정 조절이 안 되는 사람은 화를 치료하는 자비관을 수행해야 한다. 만약 자비관 대신, 분별심을 줄이는 수식관을 한다면 속에서 열이 나고 가슴이 답답해질 뿐 효과를 얻지 못할 것이다.

그런데 우리들은 평소 습관 때문에 분별심이 강한 사람일수록 인연관(무지를 치료)이나 계분별관(아집을 치료)에 더 매력을 느끼게 된다. 또 문제의식이 없는 어리석은 사람일수록 생각이 필요하지 않은 수식관에 더 이끌리는 경향이 있다. 그래서 애써 열심히 수행을 하고도 아무런 효과를 얻지 못하거나 보잘것없는 열매만 거두고, 심지어는 없애고자 한 건강하지 않은 심리 상태가 더 강해지는 부작용에 시달리기도 한다.

교리 공부도 마찬가지다. 먼저 자기 문제에 대한 정확한 진단을 바탕으로 자기에게 합당한 공부를 하는 것이 효과적이다. 화가 많으면 붓다가 화에 대해서는 어떻게 가르쳤는지를 찾아서 중점적으로 공부하고, 탐욕이나 질투심 또는 무지가 문제가 되면 그에 대한 구체적인 가르침을 찾아서 공부하는 것이 좋다. 그러지 않고 그냥 마구잡이로 공부하는 건, 부산 여행을 하고 싶은 사람이 유럽 지도를 펼쳐놓고 공부하는 격이 될 수 있다. 물론 공부를 해두면 언젠가는 도움이 되겠지만, 당장 가야 할 목적지는 부산이니 부산 가는 길부터 먼저 아는 것이 순서다.

흔히 불교 공부는 난해하다고 한다. 그러나 사실은 불교가 어려운 것이 아니라 불교를 공부하는 방법이 비효율적인 것이다. 불교 공부에서 진짜 중요한 주교재는 자기 자신인데 엉뚱하게도 주교재는 제쳐두고 부교재만 잔뜩 공부하고 있지는 않은지 돌아볼 일이다.

부정관
양날의 검이므로
조심조심

　　　　　　　　　부정관(不淨觀)은 탐욕이 강한 사람에게 어울리는 수행이다. 대표적인 탐욕에는 재물욕, 성욕, 식욕, 명예욕, 수면욕이 있다. 부정관은 이 다섯 가지 욕망이 일어나는 건 근본적으로 우리가 육신을 가지고 있기 때문이라고 믿고, 육신의 더러움을 명상하는 것이다. 그리고 탐욕이란 탐욕하는 대상에 대해 일어나는 것이므로, 탐욕하는 대상의 깨끗하지 못함을 명상한다.

　　구체적으로는 우리 몸이 생겨난 동기가 깨끗하지 않음을, 다시 말해 우리 몸이 부모의 애욕에 의해서 인연되었다는 사실을 명상하는 것이다. 또 오장육부에 가득 찬 음식물과 찌꺼기, 눈물, 콧물, 눈곱, 똥, 오줌, 고름, 땀, 때 등의 더러움을 명상한다. 이성(異性)의 육신에 탐착하는 경우엔, 옷과 화장으로 치장한 아름다운 겉모습 뒤에 숨어 있는 온갖 더러운 물질을 명상한다. 그래서 옛 도인들은 우리의 몸을 똥오줌을 담은 포대, 피고름 주머니라고도 했다.

그 밖에, 비록 지금은 젊고 싱싱하지만 오래지 않아서 늙고 병들어서 마침내 죽고, 결국엔 부패하여 해골만 남은 모습을 명상하는 것도 있다. 이와 같이 물질적인 욕망과 애욕에 이끌려 합리적이고 건강한 인간관계를 유지할 수 없는 사람들은, 육체의 더럽고 부질없는 모습을 명상하여 탐욕을 줄이는 훈련을 한다.

그런데 부정관을 하면서 반드시 유념해야 할 것이 있다. 바로 부정관의 효과성 문제다. 정도 차가 있을 뿐 탐욕은 누구에게나 있으며, 어느 정도의 탐욕은 삶의 에너지이자 동기로 작용한다. 그러므로 탐욕은 무조건 나쁜 것이니 버리고 내려놓아야 한다는 생각으로 부정관을 한다면, 오히려 수행에 부작용을 초래할 수도 있다. 더욱이 긍정적인 마인드의 효과를 강조하는 시대적 흐름에도 역행하는 것이므로 부정관을 수행할 때는 특히 주의를 요한다.

그러면 얼마만큼의 탐욕을 가진 사람에게 부정관이 효과적인가? 탐욕이 육체적, 정신적 웰빙에 장애를 일으키는 정도라면 부정관이 효과적이다. 또 탐욕으로 인해서 소중한 인간관계를 파괴하고 사랑과 평화를 상실하는 경우에도 그렇다. 소유한 것을 즐기고 만족해하기보다는 끊임없이 갈망하고 소유하려고만 하는 경우에도 부정관을 추천한다. 이와 같이 원하기만 할 뿐 가진 것을 감사할 줄 모르는 사람들은 자신의 육신이 늙고 병들고 죽어가는 모습을 명상하여 탐욕하고 집착하는 마음을 내려놓는 데 도움을 얻을 수 있다. 이를 통해 남보다 더 많은 이익을 얻기 위해 악행을 저지르지 않게 되고, 쌓아두려는 노력 대신 가진 것을 나누려는 태도를 배양할 수 있을 것이다.

자비관

그는 나에게 와서
꽃이 되었다

 마음에 화 에너지가 많은 사람은 모든 생명의 행복을 염원하는 자비관(慈悲觀)을 하는 것이 효과적이다. 자비관은 자비명상이나 자애명상으로 불리며, 빨리어로는 메타(mettā)명상이다. 자비명상은 사무량심(자애, 연민, 기쁨, 평정)을 배양하는 훈련이다.

 자애(loving kindness) 훈련은 모든 중생의 이익과 행복을 바라는 마음에서 그들을 향한 따뜻하고 친절하고 사랑스러운 마음을 배양하는 것이다. 연민(compassion) 훈련은 고통받는 생명들을 향해 그들이 고통에서 벗어나기를 바라는 마음을 배양하는 것이다. 특히 우리 가운데는 자기 자신을 사랑하는 데 어려움을 겪는 이가 많다. 그래서 서양에서는 자기연민(self-compassion) 프로그램을 개발해 따로 훈련하기도 한다. 공감하는 기쁨(sympathetic joy) 훈련은 인생에 성공하고 만족해하며 행복해하는 사람들을 보면서 진심으로 기뻐하고 공감해주는 마음을 배양하는 것이다. 평정(equanimity) 훈련은 일체 존재들을 차별하지 않고 평등하게 대하며, 집착이나 혐오라는 극단 대신 균형 잡히고 조화로운 중도적 마음을 배양하는 것이다.

위의 네 가지 마음 가운데 화 에너지를 전환하기 위해서는 우선 자애와 연민을 훈련하는 것이 가장 중요하다. 구체적인 방법은 다음과 같다.

❀

먼저 고요하고 편안한 장소를 선택하여 명상에 임한다. 척추를 반듯하게 세운 다음, 눈을 감고 들숨과 날숨에 집중한다. 숨을 천천히 자연스럽고 깊게 들이쉬고 내쉬면서 몸에서 일어나는 감각과 느낌에 주의를 기울이고 알아차린다. 몸과 마음이 어느 정도 고요해질 때까지 숨을 10~100회 들이쉬고 내쉬면서 몸의 감각과 느낌에 집중한다.

몸과 마음이 안정되면 자신이 가장 사랑하는 사람, 가족, 친구를 떠올리고 그들을 자기 앞에 초대한 다음, 그들의 이미지를 선명하게 만든다. 불보살에게 기도하는 마음으로 그들에게 이렇게 말하며 자애로운 마음을 보낸다.

'행복하기를 빕니다! 평화롭기를 빕니다! 안전하기를 빕니다! 건강하기를 빕니다! 모든 고통에서 자유롭기를 빕니다!'

이때 '~을 빕니다' 대신 '~하세요'라고 해도 좋고, 상대에 맞는 다양한 발원을 할 수도 있다. 중요한 것은 자애롭고 친절한 마음으로 그들의 행복과 평화와 자유를 진심으로 기원해주는 것이다.

이와 같이 자애의 감정을 가장 쉽게 불러일으킬 수 있는 가족과 사랑하는 사람을 먼저 떠올려서 그들의 행복과 평화와 안전과 건강 등을 기원한 다음, 점차로 좋아하지도 싫어하지도 않는 중립적인 느낌의 대상들을 향한 기도로 이동한다. 이때 사람만이 아니라 살아 있는 모든 생명과 무생물, 자연과 우주 전체를 대상으로 삼고 그들의 안전과 평화와 웰빙을 기원하는 기도를 보낸다. 마지막에는 자비심을 베풀기에 가장 어려운 상대, 싫어하고 혐오하는 대상을 향해 그들의 행복을 기원하고, 그들이 고통에서 자유롭기를 기원하는 마음을 훈련한다.

※

그런데 실제로 자비명상 수행 현장에서 보면, 사랑하는 사람을 향해 자비심을 일으키는 데 어려움을 겪는 사람들이 있다. 또 자기 자신을 향해 자비심을 보내는 것을 더 힘들어하는 사람들도 있다.

그러므로 자기 자신이나 사랑하는 사람 대신 아름다운 삶을 살아가는 사람이나 세상의 평화를 위해 자신의 삶을 기꺼이 바치는 사람을 떠올리거나, 그냥 생각하는 것만으로도 저절로 미소가 나오는 사람, 동물, 사물 등을 대상으로 자비심을 배양하는 것을 첫 번째 단계로 시작해도 좋다. 그다음 더 일반적이고 중립적인 감정을 가진 대상으로 기도를 확대한 후, 맨 마지막에는 자비심을 일으키기 가장 어려운 상대를 향한 기도로 이동해간다. 한 번에 한 대상을 떠올리되, 대상의 순서나 기도 내용은 상황과 조건에 따라서 얼마든지 바꿀 수 있다.

자비명상의 핵심은 대상을 향한 주의(attention)와 관심의 이동이다. 자기중심에서 타자중심으로 관심과 주의가 전환됨으로써, 상대를 자기의 주관적 잣대로 판단하여 왜곡하지 않고 있는 그대로 볼 수 있는 힘이 길러진다. 더불어 주의를 받지 못하는 타자는 그저 수많은 타자들 가운데 하나일 뿐이어서 편견과 선입견에 의해 왜곡되기 쉽지만, 관심과 주의를 받은 타자는 특별한(의미 있는) 존재로 살아난다.

그러면 이제 자비 수행이 구체적으로 어떻게 화 에너지를 전환하는지 생각해보자. 자기 내면의 화를 누군가에게 표출한다는 것은, 상대방을 제대로 보는 것이 아니라 자기의 감정에 빠져 상대를 자기 방식대로 이해하고 해석하고 판단하는 것을 의미한다. 그러므로 거기에는 진실한 만남, 연결, 소통이 없고 단절감만이 존재한다. 그 결과 자신의 화내는 행동이나 감정 표출 때문에 상대방이 얼마만큼 상처받고 고통하는지를 알아차리지 못한다. 그런데 화를 내는 사람은 상대방이 상처받고 고통받기를 원해서 화를 내는 것이 아니다. 스스로도 감당할 수 없는 고통의 마음 바다에서 파도치는 감정에 휩싸여 폭발하는 것뿐이다.
    여기서 우리는 화내는 사람이 상대에게 고통을 줄 의도가 전혀 없으며, 자기의 감정에 매몰되어 관계가 단절된 상태에서 상대의 감정을 제대로 읽지 못한다는 두 가지 사실에 주목할 필요가 있다. 자비 수행은 상대의 행복과 평화와 안전을 원하는 기도이기 때문에 상대가 행복하기를 바라는 선한 동기와 의도를 길러준다. 뿐만 아니라 실제로 말과 뜻으로 실천하는 것이기 때문에 자비로운 행동을 유발하는 힘을 심어준다.
    다른 한편으로는 상대방에게 관심과 주의를 기울이게 하여 상대의 느낌과 감정을 더욱 민감하게 알아차리고 자각할 수 있도록 돕는다. 그러한 자각의 힘이 바로 화의 지옥을 탈출하는 열쇠로 작용하는 것이다.

인연관
정확한 원인을 파악하는 힘

마음이 어리석은 사람일수록 개인이나 집단 또는 미디어가 제공하는 왜곡된 정보에 현혹되기 쉽다. 그들은 인과와 인연 관계를 항상 혼동하기 때문이다. 이런 사람은 일체 만물이 원인과 조건에 얽혀서 발생함을 깨닫는 수행인 인연관(因緣觀)을 수행하는 것이 좋다. 인연관 수행에서는 연기의 이치와 십이연기(十二緣起)를 공부하고 닦아야 하는데, 이 두 개념은 불교 수행에 매주 중요하므로 8장에서 따로 자세히 설명했다. 그러므로 인연관 수행이 필요한 사람은 꼭 8장을 숙독하기 바란다. 대신 여기에서는 마음이 발생하는 네 가지 조건(四緣)을 소개하겠다.

네 가지 조건 가운데 첫 번째는 인연(因緣)이다. 이는 모든 마음이 생겨나는 일차적인 원인으로 눈, 귀, 코, 혀, 몸 등의 감각기관과 의식을 뜻한다. 두 번째는 소연연(所緣緣)으로, 마음이 생겨나기 위해서 필요한 모양, 소리, 냄새 등의 감각 대상과 관념, 개념 등의 인식 대상이다. 세 번째는 등무간연(等無間緣) 또는 차제연(次第緣)으로, 마음은 찰나적으로 생멸하는 의식의 흐름이므로 현재의 마음이 존재하기 위해서는 반드시 이전의 마음이 존재해야 한다는 의미다. 네 번째는 증상연(增上緣)으로, 마음이 발생하는 데 필요한 모든 보조 조건들이다. 이를테면 눈이라고 하는 원인(인연)과 형태라고 하는 대상(소연연)이 있다고 하더라도, 빛이라는 보조 조건(증상연)이 없으면 눈이 형태를 지각할 수 없기 때문에 눈과 대상 사이에서 의식, 즉 마음은 발생할 수 없다.

어떤 사건이나 문제가 발생하기 위해서는 반드시 근본 원인과 대상, 그리고 그 문제가 발생하기까지의 과정과 주변 조건들이 함께 작용해야 한다. 그런데 어리석은 사람일수록 문제의 원인이나 조건을 잘 파악하지 못하기 때문에 엉뚱한 대상을 원인으로 오해해서 원망을 퍼붓는다. 인연관은 이런 이들이 문제의 원인과 결과, 그리고 문제가 발생한 조건들에 대해서 올바르게 이해하도록 돕는다.

우리가 살면서 겪게 되는 수많은 불행과 갈등과 다툼은, 알고 보면 인과와 인연에 대한 이해 부족에서 비롯된 경우가 허다하다. 그러므로 인연관 수행은 어리석은 사람뿐 아니라 우리 누구에게나 유익함을 가져다 줄 것이다.

계분별관

나를 내려놓는
홀가분함

아만이 강한 사람은 계분별관(界分別觀)을 수행해서 무아를 통찰하는 것이 효과적이다. 아만이란 자신의 육체와 마음을 '나'라고 생각하고 집착하면서 '나' 아닌 존재와 비교해서 열등감과 우월감을 내는 마음이다. 그래서 계분별관은 우리의 육체와 마음이 사대(四大), 오온(五蘊), 십이처(十二處), 십팔계(十八界) 등으로 구성된 조합체에 불과하다는 사실을 분석하고 관찰하여 자아에 대한 집착을 내려놓도록 훈련하는 것이다.

사대는 우리 몸과 마음이 크게 흙(地), 물(水), 불(火), 바람(風)의 네 가지로 구성되어 있다고 보는 것이다. 이 관점에서는 뼈나 손톱처럼 딱딱한 것은 흙의 성질에, 피와 물과 고름처럼 액체인 것은 물의 성질에, 분노와 체온처럼 온기가 있는 것은 불의 성질에, 움직이고 이동하는 것은 바람의 성질에 포함시킨다. 오온은 마음의 구성 요소를 사대보다 좀 더 세밀하게 분석하는 관점으로, 몸과 마음을 형태(色), 느낌(受), 지각(想), 의도(行), 앎(識)의 다섯 가지 집합체 또는 흐름으로 본다. 구체적으로 말하면, 형태와 관련한 감각기관과 감각 대상이 서로 접촉하면 앎이 발생하는데, 그 앎은 느낌, 지각, 의도 등의 과정을 통해서 일어나는 하나의 연속적 흐름이라는 것이다.

십이처는 '나'라는 존재를 눈, 귀, 코, 혀, 몸의 다섯 가지 감각기관에 마음을 포함한 여섯 가지(六根)로 분류한 후, 그 여섯 가지 요소들의 인식 대상을 형태(色), 소리(聲), 냄새(香), 맛(味), 촉감(觸)의 다섯 가지 감각 대상에 마음의 인식 대상인 현상(法)을 더해 여섯 가지(六境)로 분류해서 모두 열두 가지로 분석한 것이다. 십팔계는 인식 주체로 기능하는 다섯 가지 감각기관과 마음, 그리고 인식 대상으로 기능하는 다섯 가지 감각 대상과 마음의 인식 대상이 서로 만났을 때 발생하는 여섯 가지 앎(六識), 즉 눈으로 보는 앎, 귀로 듣는 앎, 코로 맡는 앎, 혀로 맛보는 앎, 몸으로 느끼는 앎, 마음으로 인식하는 앎을 십이처에 보탠 것이다.

언뜻 보면 사대, 오온, 십이처, 십팔계가 무척 복잡해 보인다. 그러나 이를 자세히 보면 우리가 날마다 매순간 하고 있는 의식적, 무의식적 행위와 마음 작용을 말로 설명한 것일 뿐임을 알 수 있다.

계분별관 수행으로 우리가 깨달아야 하는 가장 단순하고 일관된 메시지는, 내가 보는 것, 듣는 것, 냄새 맡는 것, 맛보는 것, 접촉하는 것, 생각하는 것이 모두 나의 '대상'이 아니라 바로 나 '자신'이라는 것이다. 물론 아만으로 가득 찬 상태로 자신과 대상을 구분하고 비교해서 열등감이나 우월감을 갖는 데 익숙한 사람들은 이 메시지를 쉽게 납득할 수 없을 것이다. 하지만 계분별관을 꾸준히 수행하면 나와 대상을 구분하는 것이 사실에 맞지 않음을 깨닫게 되어 아만에서 벗어날 수 있을 것이다.

수식관
생각 버리기 연습

분별심이 강한 사람은 들어오고 나가는 호흡을 알아차리는 수식관(數息觀)을 하는 것이 효과적이다. 들숨과 날숨을 세고 관찰한다는 의미에서 수식관을 입출식념(入出息念)이라고도 부른다.

분별심이 강하다는 것은 일상에서 일어나는 일들을 지나치게 따지고 분석하고 판단한다는 뜻이다. 그래서 분별심이 강한 사람은 마음이 고요하지 못하고 항상 산만하고 어지러운 상태에 있다. 그러한 사람들이 들어오고 나가는 자신의 호흡을 지켜보는 수행을 하면 심리적 안정을 유지할 수 있게 된다.

호흡을 지켜본다는 건, 숨을 들이쉴 때 숨을 들이쉬고 있다는 사실을 자각하고 공기가 자신의 몸속으로 들어오고 배가 부풀어 오르는 것을 알아차리는 것이다. 또 숨을 내쉴 때는 숨을 내쉬고 있다는 사실을 자각하고 자신의 몸속에 있는 공기가 빠져나가면서 부풀어 올랐던 배가 꺼지는 것을 알아차린다.

일반적으로 분별심이 강한 사람일수록 수식관보다는 인연관이나 계분별관에 더 매력을 느끼는 경향이 있다. 특히 계분별관은 이리저리 따지고 분석하는 작업이 필요하기 때문에, 자신의 성향과 코드가 더 잘 맞을 수 있다. 반대로 어리석은 사람은 따지고 분석하는 일을 골치 아파하면서 단순하게 호흡을 세는 수식관에 더 강한 끌림을 느낄 수 있다. 그러므로 수행을 시작하는 초심자는 어떤 수행이 자신에게 적합한지를 안내할 스승이 꼭 필요하다.

하지만 수식관은 부작용이 아주 적은 수행법이다. 경전에 의하면 붓다가 깨달음을 이루기 전에도 수식관을 열심히 닦았고, 깨달음을 이룬 후에도 수식관을 통한 마음 집중에 머물렀다고 한다.

어쩌면 단순하고 사유하는 것을 싫어하는 사람들에게 수식관은 매우 쉬운 수행법일 수 있다. 그러나 분별심이 강하고 마음이 산만하여 주의집중이 어려운 사람들에게 수식관은 무척 어려운 수행이다. 미국에서 명상 수행이 보급되기 시작하던 초창기, 《보스턴글로브》에 하버드 대학교 학생들이 명상 수행을 한 내용이 실린 적이 있다. 세계가 인정하는 하버드 대학의 수재들이 아무것도 하지 않고 그냥 가만히 앉아서 하나에서 백까지 단순하게 수를 세기만 하면 되는 수행은 너무 시시하고 쉬운 일로 보였다. 그러나 막상 자리에 앉아 자기 호흡을 관찰하면서 들숨과 날숨 횟수를 세기 시작하자, 다들 분별심이 강해서인지 중간에 빠뜨리거나 잊어먹지 않고 하나에서 백까지 정확하게 횟수를 세는 일을 무척 힘겨워했다. 결국 참가자 거의 대다수가 실패했고, 이 내용이 기사화되었다.

수식관은 지나치게 생각하고 따지는 성향이 있는 사람들이 생각을 쉬고 고요한 마음을 유지하는 데 아주 효과적인 수행법이다. 그래서 여러 생각이 항상 머릿속에서 분주한 현대인에게 많은 도움을 줄 것이다.

7장

삼십칠조도품

건강한 마음에 이르는
서른일곱 개의 계단

완전한 치유로 이끄는
필수 코스

불교 심리학 관점에서, 오정심관이 건강하지 않은 심리 상태를 치유하고 멈추게 하는 다섯 가지 수행법이라면, 삼십칠조도품(三十七助道品)은 마음의 고요함과 통찰을 배양하는 건강한 심리 상태를 유발하는 서른일곱 가지 수행법이다.

치유를 위한 방편인 오정심관을 더욱 효과적으로 수행하기 위해서는, 먼저 개인의 성향을 진단한 다음 앞 장에서 설명한 다섯 가지 건강하지 않은 심리 상태 가운데 특히 무엇을 제거하고 싶은지 알아야만 한다. 하지만 삼십칠조도품을 수행할 때는 수행하는 사람이 특별히 어떤 성향을 지니고 있는지 확인할 필요가 없다. 삼십칠조도품은 깨달음을 구하고 삶과 인간관계에서 지혜롭고자 하는 사람이라면 누구든지 닦아도 좋은 영적 수행이다. 그런데 내면에 탐욕, 화, 무지, 분별심, 자아에 대한 집착이라는 다섯 가지 건강하지 않은 심리 상태가 지나치게 강하면, 서른일곱 가지 건강한 심리 상태를 일으키고 유지하기가 힘들다. 그런 경우에는 삼십칠조도품을 닦기에 앞서 오정심관을 수행하여 먼저 마음의 독성을 어느 정도 해독하고 정화해야 한다.

삼십칠조도품은 깨달음을 돕는 서른일곱 가지 수행법을 일컫는 말로 쓰여왔다. 그런데 '조도품(助道品)'이란 말에 '돕는다'는 뜻이 들어 있기 때문인지, 깨달음에 직접 이르는 수행법이라기보다는 간접적이고 보조적인 수행법이라는 느낌이 들기도 한다. 그러나 삼십칠조도품은 깨달음을 돕는 정도의 수행법이 아니라 올바른 깨달음에 이르기 위해서 반드시 거쳐야 하는 필수 코스다. 그러므로 '돕는' 수행법이 아닌 '필수' 수행법이라고 기억하면 좋겠다.

마음 치유 관점에서 보면, 삼십칠조도품은 완전한 치유, 완전한 건강을 위한 심리 치유 코스라고 할 수 있다. 프로이트의 말처럼 내담자가 비정상적인 불행을 정상적인 불행으로 전환할 수 있도록 돕는 것이 서양 심리 치료가 할 수 있는 최선이라면, 삼십칠조도품이라는 서른일곱 가지 행복 코스는 정상적 불행을 정상적 행복으로, 나아가 최상의 행복으로 전환할 수 있도록 돕는 과정이다. 한편 비정상적 불행이나 정상적 불행은 오정심관 수행 단계에서 치유할 수 있음을 알아두기 바란다.

깨달음을 향한 서른일곱 가지 필수 과정은 사념처관(四念處觀), 사정근(四正勤), 사여의족(四如意足), 오근(五根), 오력(五力), 칠각지(七覺支), 팔정도(八正道)로 이루어져 있다.

사념처관

몸과 마음이 함께하면 행복이 온다

깨달음을 성취하는 데 가장 기본이 되는 출발점은 사념처관(四念處觀)이다. 몸의 존재와 몸의 감각을 알아차리고(身念處觀), 몸에서 일어나는 느낌을 알아차리고(受念處觀), 변화하는 마음을 알아차리고(心念處觀), 현상의 공(空)함, 즉 모든 현상이 서로 의존해 있고 조건에 따라 발생하고 사라진다는 사실을 알아차리는(法念處觀) 것이다.

신념처관을 할 때는 크게 두 가지 사실을 알아차리는 것이 중요하다. 첫 번째는 행하거나 머무르거나 앉거나 눕거나(行住坐臥) 말하거나 침묵하거나 움직이거나 조용히 있거나(語默動靜), 즉 일상의 모든 순간에 자기가 무엇을 하고 있는지 알아차리는 것이다. 두 번째는 자기가 땅, 물, 불, 바람(地水火風)의 네 가지 요소로 이루어져 있다는 사실을 알아차리는 것이다. 이는 우리가 이 세상에 머무는 동안 잠시 잠깐 이 몸을 빌려 사용하는 것일 뿐 때가 되면 원래 모습으로 되돌아간다는 사실을 알아차려서, 몸에 대한 집착을 놓는 동시에 온 우주가 우리의 본래 몸임을 깨달아가는 것이다.

수념처관은 몸에서 일어나는 느낌을 알아차리는 것으로, 괴로운 느낌이 일어날 때는 괴로움을 알아차리고, 즐거운 느낌이 일어날 때는 즐거움을 알아차리고, 괴롭지도 즐겁지도 않은 느낌이 일어날 때는 괴롭지도 즐겁지도 않음을 알아차리는 수행이다. 심념처관은 마음에서 일어나고 사라지는 심리 상태들, 즉 탐욕, 분노, 질투, 미움 등의 정서와 감정이 일어날 때 그것을 알아차리는 수행이다. 법념처관은 다섯 가지 감각기관과 의식의 대상들, 즉 형태(色), 소리(聲), 냄새(香), 맛(味), 촉감(觸), 현상(法)이 모두 원인과 조건에 따라 생겨난 것임을 알아차리는 수행이다.

신념처관의 구체적 방법으로는 부정관(不淨觀, 묘지에 버려진 시체를 보고 자신의 몸도 그와 같이 됨을 관함)이나 백골관(白骨觀, 묘지에 뒹구는 해골을 보고 자신의 몸도 그렇게 됨을 관함)을 소개하는 경우가 종종 있다. 하지만 이는 교리에 맞고 맞지 않고를 떠나 건강하고 선(善)한 심리 상태를 유발하는 데는 그다지 효과적이지 않은 것 같다. 왜냐하면 부정관은 더러움과 깨끗함의 이원적 대립을 용인하는 까닭에 깨달음의 출발점으로는 합당해 보이지 않기 때문이다. 그리고 6장에서 이미 보았듯이 깨달음의 길로 들어서는 데 장애가 있을 정도로 탐욕 성향이 지나치다면, 사념처를 닦기 전 오정심관 단계에서 부정관을 통해 탐욕을 먼저 치유할 필요가 있다.

사념처관에서 몸은 깨달음을 위한 근본이고 홈그라운드다. 몸을 떠난 깨달음은 없다. 몸을 통해 느낌을 관하고, 몸을 통해 마음을 관하고, 몸을 통해 현상을 관해야 한다. 지혜는 어떤 이원성도 용납하지 않는다. 몸과 마음의 이원성도 예외가 될 수 없다. 몸을 떠난 마음은 온전하지 않다. 흔히 쓰는 표현 가운데 '제정신이 아니다'라는 게 있는데, 그 표현이 묘사하는 상태가 바로 마음이 몸을 떠나 있을 때다. 몸과 분리된 느낌, 정서, 생각은 망상으로 향하는 지름길일 뿐이다.

마음이 산만하고 불편한 순간을 잘 관찰하면, 그 순간 마음이 몸을 떠나 있음을 알아차릴 수 있다. 또 몸과 마음이 힘들고 고단한 순간을 잘 관찰하면 몸과 마음이 분리되어 있음을 알아차릴 수 있다. 건강한 심리 상태를 유지하기 위해서는 몸과 마음이 조화롭게 함께하는 것이 매우 중요하다.

사정근

바른 노력은 인정이나 대가를 바라지 않는다

　　　　　　　　　　사정근(四正勤)이란 선(善)한 마음은 더욱 자라게 하고 악(惡)한 마음은 없애려고 애쓰는 다음의 네 가지 올바른 노력을 일컫는다. 첫째, 이미 생긴 악은 없애려고 노력한다. 둘째, 아직 생기지 않은 잠재적인 악은 방지하려고 노력한다. 셋째, 이미 생긴 선은 더욱 자라나게 한다. 넷째, 아직 잠재된 선은 생겨나도록 노력한다. 고통의 근본 원인을 멸하는 여덟 가지 올바른 방법인 팔정도(八正道)나, 악을 그치게 하고 선을 따르게 하는 수행의 도덕규범인 지계(持戒)와 같은 맥락에서 사정근을 이해해도 무리가 없을 것이다.

　계율을 지키는 일이나 팔정도를 닦는 일과 마찬가지로, 사정근에서도 무엇이 선이고 무엇이 악인지에 대한 개념을 무엇보다 우선해서 이해해야 한다. 『유식 30송』에 의하면, 믿음·양심·잘못을 부끄러워하는 마음,

탐욕·화·무지가 없는 마음, 정진·가볍고 평온함·게으르지 않음·평등심·공격성이 없는 마음이 바로 선에 속한다고 했다. 이들 열한 가지 선한 정신 작용들은 깨달음으로 나아갈 수 있는 원동력을 제공한다.

반면 악은 깨달음을 방해하는 탐욕, 화, 무지, 거만, 의심, 악한 견해, 속임, 아첨, 질투 등의 스물여섯 가지 선하지 않은 정신 작용이다. 그러니까 사정근은 바로 이와 같은 열한 가지 건강한 정신 작용을 개발하고 키우며, 스물여섯 가지 건강하지 않은 정신 작용을 방지하고 멈추는 노력을 가리킨다.

왜 이와 같은 네 가지 올바른 노력이 필요한가? 다시 말해, 사정근을 수행하는 궁극 목적은 무엇인가? 그것은 우리가 일상 속에서 부딪치는 갖가지 인연들을 향해 더 많은 사랑과 연민, 더 적은 분노와 공격성을 내기 위한 것이다. 그리고 인연한 사람들과의 소통을 위한 것이고, 착각이 아닌 바른 깨달음을 위한 것이다. 또한 일방적인 태도를 줄이고 양방향적인 태도를 기르기 위한 것이고, 혼자가 아니라 더불어 나누며 살아가는 능력을 키우기 위한 것이다. 한마디로 우리들이 원래 존재하는 양식, 있는 그대로의 모습인 연기적 삶을 깨닫고 실현하기 위한 것이다.

그렇다면 사정근을 수행하면서 올바르게 노력하고 있는지 아닌지는 어떻게 알 수 있을까? 그건 바로 사념처 수행이 얼마나 제대로 되고 있는가에 달려 있다. 사념처 수행이 탄탄하게 뒷받침되지 않으면 사정근의 역기능으로 노력한 만큼의 보상을 기대하게 된다.

바른 노력을 한다면, 타인이나 자기 자신에게 어떠한 인정이나 대가를 기대하지 않는다. 노력 그 자체만으로도 스스로 충분히 보상받고 내면이 충만해지기 때문이다. 가끔 계율을 잘 지킨다는 핑계로 주변을 불편하게 하고 스스로도 평화롭지 않은, 딱딱하고 권위적인 모습을 공공연하게 드러내는 사람을 볼 수 있다. 그는 필시 중도의 이치를 알지 못하며, 자신을 보지 못하고 있을 것이다.

우리는 어떤 유형의 수행이든지 실천하기에 앞서서 반드시 그 수행의 개념과 궁극 목적을 명료하게 이해하지 않으면 안 된다. 지금까지 전통적으로 그렇게 해왔으니까, 남들도 그렇게 하니까, 필요하고 해야 하니까, 좋아하니까 한다는 식으로 깊이 사유하지 않고 행한다면 주객이 전도되어 목적과 방편을 혼동하는 위험에 처하게 된다.

그렇게 되면 불법(佛法)을 통해 성장하고 행복해지는 것이 아니라, 불법이 독사가 되어 도리어 자신을 무는 상황이 벌어질 수도 있다. 그리하여 스스로의 내면 깊숙한 곳에서 샘솟는 기쁨, 환희, 충만감 대신 억압, 과잉 행동, 겉치레 등과 맞물린 건강하지 않은 정신 작용이 그 뒤를 따라 일어날지도 모른다.

사여의족

자유로운 마음이란 무엇인가?

삼십칠조도품의 세 번째 실천 수행 단계인 사여의족(四如意足)에서는 네 가지 능력, 즉 욕(欲)여의족, 정진(精進)여의족, 심(心)여의족, 사유(思惟)여의족을 닦는다. 사여의족에서 '여의(如意)'는 '뜻대로 자유자재롭게 한다'는 의미고, '족(足)'은 '선정(禪定)'을 뜻한다.

그렇다면 사여의족의 네 가지 능력은 각각 무엇인가?

욕여의족은 얻거나 도달하거나 채우거나 완성하고 싶은 열망을 뜻대로 자유롭게 조절하는 데서 오는 고요함이다. 이 단계에서 수행자는 원하거나 원하지 않는 마음에서 자유로워져서 자연스럽게 원력이 싹트게 된다. 원력은 자기중심적 욕망과 갈망의 자리에 중생을 이롭게 하고자 하는 선한 의도와 의지가 생겨나는 것을 의미한다.

정진여의족은 열심히 닦고 노력해서 앞으로 나아가는 일이 뜻대로 이루어지는 것을 말한다. 정진여의족을 완성하면 정진하는 과정에서 장애나 걸림돌을 만나도 좌절하지 않고 능히 극복하며 마음의 고요함을 잃지 않는다. 그만큼 자기중심적인 욕망이 사라지고 타자의 행복을 바라는 마음이 생겨났기 때문이다.

심여의족은 자신의 눈, 귀, 코, 혀, 몸, 의식을 통해 들어오는 외부 정보와 인식 대상으로 인해 발생하는 갖가지 정서, 감정, 생각, 기억 들을 자유롭게 조절하는 능력이다. 심여의족은 욕여의족과 정진여의족을 바탕으로 인식 대상에 대한 집착을 놓은 덕분에 가능해진다.

사유여의족은 감정이나 생각에 휩쓸리지 않아서 일관되고 안정된 고요한 마음 상태에서 자유자재한 관찰과 사유가 가능해지는 것을 의미한다. 이는 대상에 대한 집착이 사라져서 주관적 판단이 아닌 객관적 관찰과 사유를 할 수 있게 되어 이르는 상태다.

이와 같은 네 가지 자유로운 마음을 닦고 성취하기 위해서는 특별한 지식과 이해가 요구된다. 다시 말해, 네 가지 알아차림(사념처)과 네 가지 올바른 노력(사정근)을 통해서 형성된 수행의 힘이 바탕이 된 상태에서 물질과 정신의 현상에 대한 지식을 습득해야만 한다. 여기에 더해 물질과 정신의 현상과 관련해서 발생하는 고통과 그 고통의 원인 및 원인의 소멸에 대한 이해 역시 필요하다. 나아가서 현실 세계와 이상 세계가 조화롭게 통합될 수 있는 연기적 세계관에 대한 이해도 필요하다. 그러므로 사여의족은 사성제와 연기법 등을 공부하고 닦는 수행 단계라고 볼 수 있다.

사여의족은 각각 다음에 소개하는 방법으로 수행할 수 있다.

욕여의족을 얻기 위한 최상의 방법은 자신의 죽음을 명상하는 것이다. 즉 지금-여기 이 자리가 '내 생의 마지막 순간'이라고 상상해보는 것이다. 그런 다음, 그래도 여전히 그것을 원하는지 스스로에게 물어본다. 이때 여전히 원한다면 그건 욕망이 아니라 원력이다. 욕망은 자신과 주변을 힘들게 하고 고통을 낳는 원인으로 작용하지만, 원력은 자신과 주변을 이롭게 하고 연기적 삶으로 인도한다.

정진여의족은 장애나 걸림돌을 만났을 때 자아의식의 작용을 쉽게 한다. 그러므로 정진여의족을 성취하는 방법의 첫 번째 단계는 자기와 타자의 입장을 바꾸어 명상하여 자기중심적 태도를 타자중심적 태도로 전향하는 것이다. 두 번째 단계는 물의 작용, 즉 물길을 따라서 하는 방법이다. 항상 높은 곳에서 낮은 곳으로 흐르며, 바위를 만나면 저항하지 않고 바위를 돌아 흐르고, 웅덩이를 만나면 기꺼이 웅덩이에 고여서 채워져 넘쳐날 때까지 자연스럽게 흐른다. 이처럼 보살의 원력을 성취하거나 삶의 과정에서 만나는 뜻밖의 장애물들을 물의 원리로 응대하는 훈련을 한다.

심여의족을 성취하기 위해서는 마음을 호흡이나 몸에 집중하는 것을 훈련한다. 쉽게 설명하면 몸이 있는 곳에 항상 마음도 함께 있는 훈련이다. 몸은 시간과 공간의 제약을 받지만 마음은 시간과 공간에서 자유롭기 때문에 쉽게 지금-여기로부터 일탈하고, 과거와 미래, 이곳과 저곳을 넘나든다. 몸을 떠난 마음은 현실감을 상실하고 온갖 번뇌망상을 만들어 내기 때문에, 이 훈련이 필요하다.

사유여의족은 마음이 몸에 머무르기 때문에 알아차려지는 (심여의족) 갖가지 감각, 느낌, 정서, 생각, 기억 등에 반응하거나 판단하지 않는 훈련을 통해서 성취된다. 구체적으로는 내면에서 일어나는 심리 상태들과 자기 자신은 동일하지 않다는 사실을 사유하는 것이다. 이를테면 내면에서 일어나는 질투나 미움이 '나'가 아니고, 자랑스러움이나 우월감 같은 감정 또한 진짜 '나'가 아니라는 사실을(탈동일시) 사유하는 것이다.

사여의족은 한마디로 자신의 몸과 마음을 객관적으로 바라보고 경험하는 상태라고 보면 좋을 것이다. 그러므로 사여의족을 성취하기 위한 훈련은 먼저 우리 몸의 유한성, 죽음명상을 통해서 욕여의족을 성취한 다음, 자기중심에서 벗어나 현실을 더욱 객관적으로 직면하는 정진여의족을 성취하게 된다. 이어서 몸과 마음의 현상들을 자아와 동일시하지 않는 탈동일시 명상을 통해서 심여의족과 사유여의족을 성취하게 되는 것이다.

오근

뿌리 깊은 나무는
바람에 흔들리지 않는다

사여의족 실천 수행이 어느 정도 무르익으면 삼십칠조도품의 네 번째 수행단계인 다섯 가지 뿌리(五根), 즉 믿음(信根), 노력(精進根), 알아차림(念根), 선정(定根), 지혜(慧根)의 뿌리가 수행자의 내면에 자연스럽게 자라나게 된다.

여기서 우리가 한 가지 짚고 넘어갈 필요가 있는 것은 바로 믿음의 뿌리다. 우리는 흔히 믿음을 아무런 노력이나 지혜가 없이 그냥 생겨나는 것으로 오해하곤 한다. 그러나 삼십칠조도품의 네 번째 단계에 와서야 믿음의 뿌리가 생겨난다는 점을 볼 때, 진정한 믿음은 충분한 노력과 인내, 경험과 수행의 열매라는 사실을 짐작할 수 있다.

명상 수행을 통한 노력이나 알아차림을 바탕으로 생겨난 믿음이 아닌 일반적인 믿음은 불안정한 마음을 조절하는 데 한계가 있다. 또한 불선한 일에 쉽게 휘말린다. 오직 명상 수행을 통한 믿음만이 선한 의지를 불러일으켜 우리가 선한 행위를 향해 지속적으로 노력하도록 이끈다.

또 믿음의 뿌리는 마음이 불필요하게 갈등하거나 흔들리지 않고 목표를 향해서 정진할 수 있는 힘을 준다. 그렇게 믿음의 뿌리를 바탕으로 일관되게 나아가다 보면 점차 알아차리는 힘이 굳건해지는 것은 당연하다. 그리하여 자각의 뿌리가 생겨나고 자각의 힘이 커질수록 마음은 더욱 고요해져서 집중 상태에 머무르는 선정의 뿌리가 굳게 내릴 것이다. 이렇게 되면 선정의 뿌리에 바탕을 둔 지혜의 뿌리가 자연히 돋아나게 된다.

요약하면, 다섯 가지 뿌리가 잘 자라기 위해서는 사념처 수행이라는 근본이 있어야 한다. 사념처 수행을 통해 우리의 몸과 마음에서 일어나는 감각, 느낌, 생각, 대상에 대한 자각 능력이 커지면 선한 심리 상태와 불선한 심리 상태를 알아차리는 변별력도 함께 커진다. 그러면 선한 심리 상태와 관련한 행위는 더 많아지고 불선한 심리 상태와 관련한 행위는 더 줄어드는 사정근 수행이 자연스럽게 뒤따를 것이다. 사정근 수행은 다시 믿음, 노력, 알아차림, 선정, 지혜라는 다섯 가지 뿌리가 자라나게 한다. 여기서 우리는 깨달음을 향한 수행의 길에서 사념처 수행의 중요성을 다시 한 번 확인할 수 있다. 사념처 수행은 모든 수행의 시작이고 근본이다.

오력
마음을 건강하게 하는
다섯 가지 힘

믿음, 노력, 알아차림, 선정, 지혜라는 다섯 가지 뿌리가 일정한 정도로 성장하면, 각각의 뿌리를 기반으로 다섯 가지 힘(五力)이 생겨난다. 오력이란 믿음의 힘(信力), 앞으로 나아가는 정진의 힘(進力), 알아차림의 힘(念力), 선정의 힘(定力), 지혜의 힘(慧力)을 일컫는다.

그런데 오근을 설명하며 언급했듯이, 명상 수행(사념처)을 통해서 생겨난 믿음의 힘이어야 우리가 탐욕을 극복하고 단순 소박한 의식주 생활에 만족할 수 있도록 도울 수 있다. 붓다의 가르침에도 그냥 일반적인 믿음의 힘으로는 탐욕을 조절할 수 없다고 나와 있다.

정진의 힘도 마찬가지다. 명상 수행과 절도 있는 계율 수행(사정근)으로 다져진 정진의 힘이어야 게으름을 극복할 수 있다. 일반적인 노력의 힘으로는 게으름에서 발생하는 불선한 의도적 행위들을 막을 수 없다. 왜냐하면 명상 수행과 계율 수행의 힘이 뒷받침되어야만 올바른 정진의 힘이 발휘되기 때문이다.

올바른 정진의 힘은 올바른 알아차림의 힘을 가능하게 한다. 알아차림의 힘은 이 생각 저 생각으로 마음이 산만하고 게으른 환상에 젖어드는 것을 방지한다. 또 집중력을 길러주어서 망각, 방심, 멍하고 얼빠진 심리 상태를 소멸한다. 그래서 망상과 무지를 없애고 명료함과 확신이 있는 지혜의 힘이 자라나게 한다.

종합하면 믿음의 힘은 탐욕을, 정진의 힘은 게으름을, 알아차림의 힘은 망각과 방심을, 선정의 힘은 산만함을, 지혜의 힘은 망상과 무지를 각각 소멸시킨다. 다시 말해 오력은 다섯 가지 불선한 심리 상태를 그치게 한다. 그래서 만일 이 다섯 가지 힘 가운데 어느 하나라도 결핍되면 마음의 고요함(止)과 통찰(觀)을 성공적으로 이루기가 어려운 것이다.

칠각지

행복에 이르는
일곱 가지 지혜

삼십칠조도품 가운데 여섯 번째인 칠각지(七覺支)는, 지혜를 바탕으로 참과 거짓, 선과 악을 살펴 가려서 참된 행복에 이르는 일곱 가지 수행을 뜻한다.

그중 첫 번째가 염(念)각지로, 사념처관의 완성을 이룬다. 염각지를 얻으면 자신의 내면에서 일어나는 모든 심리 상태를 알아차리고, 외부세계, 즉 살면서 부딪치는 현실의 모든 문제에 대해서도 명료한 자각과 인식을 갖게 된다. 그러한 마음 상태는 직면하는 현실의 문제를 왜곡하지 않고 있는 그대로 비춘다.

두 번째는 올바른 수행법을 선택하는 지혜, 즉 택법(擇法)각지다. 오근과 오력을 통해 수행의 뿌리와 그 뿌리의 힘이 커지면서, 무엇이 깨달음에 유익하고 유익하지 않은지를 살펴 옳은 것을 선택하는 지혜가 자라난 것이다. 이는 수행하는 가운데 선한 심리 상태와 불선한 심리 상태를 유발하는 경우를 잘 알아차려서 선한 심리 상태를 유발하는 것을 선택하는 능력과 관련 있다. 비단 수행 현장이 아니더라도 우리는 일상에서 수없이 많은 크고 작은 선택의 순간에 맞닥뜨린다. 그리고 그 순간의 선택은 우리의 정신 건강과 현실의 삶을 바꾸어놓는다. 수행에서는 선택이 영적 성장을 돕고 지혜를 증장시키거나 반대로 퇴보시키기도 한다.

세 번째는 선택한 올바른 수행법으로 효과적으로 정진하는 정진(精進)각지다. 효과적인 정진이란 신체 조건을 무시하고 무리하게 고행을 한다든지, 건강을 헤쳐가면서 과도하게 특정한 신념과 행동과 태도를 고집하지 않고 중도적 태도를 유지하는 것이다.

붓다의 가르침을 이해하고 실천하는 방편은 셀 수 없을 만큼 다양하다. 그렇기 때문에 상황과 조건에 맞게 올바른 방식을 선택하여 효과적으로 적용하기 위해서는 중도에 입각한 특별한 지혜(택법각지, 정진각지)가 필요하다. 만약 이 조건을 충족했다면, 그 결과로 참된 기쁨을 얻게 된다. 이것이 바로 네 번째 희(喜)각지, 즉 그릇된 법(法)이 아닌 참된 도(道)의 기쁨이다. 이 기쁨은 상황이 좋아지면 기쁘고 나빠지면 슬퍼지는 그런 감정이 아니다. 자신이 처한 상황이나 조건, 소유와 지위에 관계없이 존재의 본질과 가치를 어느 정도 깨달은 데서 오는 자연스런 기쁨이다. 그 결과 싫고 미운 사람이 사라져 모든 사람이 귀하고 사랑스럽게 여겨지고, 공기, 바람, 풀잎 하나까지 아름답고 소중하게 느껴진다. 그래서 날마다 좋은 날이 되는 것이다.

다섯 번째는 건강하지 않은 심리 상태를 유발하는 그릇된 견해나 번뇌가 끊어져서 몸과 마음이 가볍고 편안하게 이완되는 경안(輕安)각지다. 매사에 기쁨이 충만하기 때문에 부정적이고 건강하지 않은 견해나 심리 상태가 사라진다는 의미에서 제(除)각지라고 부르기도 한다.

그리하여 마음이 이 극단에서 저 극단으로 산란하게 소용돌이치지 않고, 갖가지 생각과 정서와 감정의 파도가 잠잠해지는 고요함에 들게 된다. 마침내 고요한 선정 상태에 들어서서 번뇌와 망상에서 자유로워진다. 이것이 바로 칠각지의 여섯 번째인 정(定)각지다.

이렇게 극단으로 치우치지 않은 중도적 입장에서 수행을 계속하면, 그 결과 마음이 특정한 대상에 집착하거나 치우치지 않고 평정을 유지하여 과거의 특정한 기억을 추억하거나 그에 반응하지 않는다. 이것이 마지막 일곱 번째인 사(捨)각지다. 이를 치유라는 관점에서 설명하면, 과거 경험으로 인한 상처가 사라져서 인간관계에서 오해나 왜곡이 없어지고, 지금-여기의 경험에 집중하게 된다는 뜻이다.

칠각지는 깨달음을 돕는 서른일곱 가지 수행법 가운데 사념처, 사정근, 사여의족, 오근, 오력이라는 스물두 가지 수행 단계를 거쳐서 이른 단계다. 앞의 수행 과정들을 잘 닦아왔다면, 자연스럽게 올바른 법과 정진을 선택하고 참된 기쁨을 맛보며 삿된 견해와 망상을 끊어버릴 수 있다.

팔정도
고통의 원인이 사라지면 올바름이 찾아든다

사념처관에서 칠각지까지 스물아홉 단계의 과정을 거치면, 삼십칠조도품의 마지막 단계인 팔정도(八正道)로 자연스럽게 이동하게 된다. 팔정도란 사성제의 마지막 단계로서 고통의 소멸을 실현하는 여덟 가지 올바른 방법이다.

여덟 가지 올바른 방법은 올바르게 보고(正見), 올바르게 생각하고(正思惟), 올바르게 말하고(正語), 올바르게 행동하고(正業), 올바르게 생활수단을 유지하고(正命), 올바르게 정진하고(正精進), 올바르게 알아차리고(正念), 치우치지 않은 고요한 마음(正定)이다.

사성제를 설명하면서 언급했듯이, 팔정도는 사성제의 네 번째인 도성제에 해당한다. 그러므로 팔정도는 수행이라기보다는 수행의 결과로 이르게 되는 도의 길, 즉 이미 도를 얻은 사람이 행동하는 모습, 깨달음을 얻은 이의 모습이다. 왜냐하면 삼십칠조도품의 이전 과정들을 처음부터 잘 실천하는 과정에서, 칠각지에 이르러 이미 충분한 선정과 지혜를 얻었는데 새삼스럽게 또 다시 올바르게 보고 생각하고 말하고 행동하는 식으로 닦아야 하는 것은 이치상 맞지 않기 때문이다.

그렇다면 삼십칠조도품에서 팔정도에 이르기 전에 닦는 과정들은 사성제의 어디에 속하는가? 그 과정들은 당연히 멸성제에 속한다. 사념처, 사여의족, 오근, 오력, 칠각지는 고통의 원인을 소멸하는 수행 방법인 것이다.

여기서 '그럼 멸해야 하는 고통의 원인은 무엇이지?'라는 의문이 꼬리를 물고 일어난다. 물론 사성제에서 고통의 원인이 집착이라고 밝힌 바 있다. 이를 구체적으로 치유와 수행의 체계에서 보면, 오정심관 수행으로 다스리는 다섯 가지 성향, 즉 탐욕, 화, 무지, 아만, 분별이 고통의 원인(집성제)에 속한다.

불교 수행을 처음 시작하는 사람들, 특히 사성제를 처음 공부하는 사람들은 팔정도와 관련해서 흔히 혼란을 겪는다. 이들은 수행 체계에 대한 올바른 이해가 부족하기 때문에, 수행의 첫 단계에서부터 올바르게 보고 생각하고 말하고 행동하고 알아차리려고 시도한다. 하지만 보다시피, 팔정도는 수행의 결과로 자연스럽게 얻어지는 것이지 무조건 노력한다고 되는 것이 아니다. 사실상 불가능한 일에 매달리기 때문에 혼란이 불가피한 것이다.

훌륭한 운동선수가 되려면 기본자세부터 잘 익혀야 한다. 정신 훈련도 마찬가지다. 팔정도를 행하는 수준에 이르기 위해서는 고통의 원인인 다섯 가지 성향을 먼저 치유한 다음 깨달음의 지혜를 성취하는 과정인 삼십칠조도품을 차례로 닦는 것이 반드시 필요함을 명심해야 한다.

당신이 있는
바로 그 자리에서

　　　　　　　　삼십칠조도품은 일상의 삶에서 벗어나 번거로운 관계를 최소화한 단순한 수행 환경이나 복잡한 인간관계로 얽혀 있는 삶의 현장 모두에서 실천할 수 있는 실용적인 수행법이다. 왜냐하면 깨달음으로 이끄는 서른일곱 가지 수행법은 모두 우리 내면에 있는 건강하고 선한 심리 상태를 유발하기 때문이다. 그러한 선한 심리 상태는 주변을 건강하고 아름답게 전환하는 에너지를 발산하기 때문에 큰 공덕이 된다.

　　그런데 인간관계가 극도로 단순화된 환경이나 고요한 조건에서 수행하는 이는, 온실에서 보호를 받으며 자라나는 화초와 같아서 오히려 진정한 삶과 지혜의 향기가 결핍될지도 모른다. 그래서 같은 사념처를 수행하더라도, 일상과 단절된 상황보다는 부부관계, 가족관계, 도반관계, 직장동료와의 관계 등 일상의 관계 속에서 순간순간 일어나는 몸의 감각,

느낌, 생각, 그리고 생각의 대상들을 알아차리는 것이 더 좋다. 결국 알아차림 훈련의 궁극 목적은 인간과 인간, 인간과 자연의 관계를 더욱 건강하고 아름답게 가꾸어서 함께 성장하는 데 있지 않은가.

사정근 수행 역시 마찬가지다. 함께하는 삶 속에서 하는 수행이어야 더 뜻이 깊다. 인간관계에서 오는 갈등, 불안, 긴장, 화, 질투 등과 같은 건강하지 않은 심리 상태를 유발하는 요소들을 재빨리 알아차려서 방지하거나 제거하고, 사랑, 연민, 용서, 화해 등 건강한 심리 상태를 유발하는 요소들을 증장시키면 개인과 사회가 그만큼 더 건강해지기 때문이다.

삼십칠조도품의 모든 수행은 실제 삶의 관계 속에서 하는 것이 더 효과적임은 새삼 강조할 필요가 없는 사실이다. 왜 그런가? 근본적인 이유는 깨달음의 궁극에 연기의 가르침이 있기 때문이다. 붓다가 깨달은 것이 연기의 도리라면 처음부터 연기적 존재, 연기적 머무름의 한가운데서 그것과 직면하면서 알아가는 것이 실제적인 것 아닌가. 애써 관계를 접고서 마련한 인위적인 고요함 속에서 고요하게 있는 것은 마치 사랑하는 사람을 사랑하는 것과 같아서, 미워하는 자를 사랑하는 일이나 시끄러움 속에서 고요하게 머무는 것과는 차이가 있다. 우리는 언제, 왜 힘든가? 붓다는 왜 깨달음의 길을 떠났는가? 이 질문 속에 답은 이미 명확하게 들어 있다.

8장

연기와 무상, 그리고 십이연기

홀가분한 마음으로
세상을 바라보는 법

연기 1
생각의 벽을
허물기 위하여

우리는 지금껏 붓다의 가르침을 이론(교학)과 실천(수행)의 두 측면에서 살펴보았다. 이제부터는 더욱 구체적이고 실질적인 이해를 위해 다소 색다른 관점에서 들여다보고자 한다. 물론 앞으로 소개할 가르침 가운데는 이미 앞에서 다룬 내용도 있을 것이고, 완전히 새로운 내용도 있을 것이다.

흔히 팔만사천법문을 한마디로 요약하면 마음 심(心) 자 하나라고들 한다. 그런데 붓다의 가르침에 마음 심 자 못지않게 중요한 게 있으니 바로 연기(緣起)다. 둘은 짝을 이루는데, 마음이 내면이라면 연기는 외부이고, 마음이 주관적이라면 연기는 객관적이다. 우리가 알다시피 붓다는 고타마 싯다르타 태자로 지내던 어느 날, 생로병사의 과정을 겪는 인간의 모습을 보고 고(苦)를 통찰했다. 그러고는 어떻게 하면 우리 인간이 그러한 고통에서 벗어날 수 있을까를 화두로 삼았고, 그 후 출가 수도하여 연기법을 깨닫는다.

　연기법은 사실을 있는 그대로 보여주는 진리다. 인간, 세계, 자연, 우주는 모두 연기적 관계로 이루어져 있다. 독립한 존재가 아니라 서로 의존하여 영향을 주고받으며 존재하는 떼려야 뗄 수 없는 유기적 관계인 것이다. 그러므로 연기적 관계에 부합하는 존재 방식, 삶의 태도, 가치, 관계는 자연이고 선(善)이자, 웰빙이고 깨달음이며, 열반이다. 반대로 연기적 관계에 위배되는 존재 방식, 삶의 태도, 가치, 관계는 인위이고 불선(不善)이자, 삼독이고 고통이다.

　누구든지 고통에서 해방되려면 연기를 깨달아야 한다. 그런데 문제는 연기를 깨닫는 것이 그리 쉽지 않다는 사실이다. 그래서 붓다는 45년간의 세월 동안 오직 연기의 도리를 이해하고 깨달아서 실천할 수 있도록 가르침을 폈다. 그 가르침을 듣고(聞), 사유해서(思), 일상의 삶과 관계 속에서 실천하도록(修) 노력하는 것을 우리는 깨달음의 길, 수행의 길이라고 부른다.

　그러한 깨달음의 길, 수행의 길이 가장 단순한 모습으로 드러난 모델 가운데 하나가 사성제, 즉 네 가지 거룩한 진리다. 사성제의 첫 번째 진리는 연기적 존재 방식, 태도, 가치에 위배되는 삶, 인식, 관계가 있는 곳에는 반드시 고통이 존재한다는 가르침이다(고성제). 두 번째 진리는 연기적 존재 방식, 태도, 가치에 위배되는 삶, 인식, 관계를 유발하는 근본 요인은 자신을 상대적이고 상호의존하는 존재가 아닌 독립해 있는 절대적 존재로 여기는 견해에 대한 집착이라는 가르침이다(집성제). 세 번째 진리는 반연기적 방식, 태도, 가치 등을 제거하는 방법이 있다는 가르침이다(멸성제). 네 번째 진리는 반연기적 방식, 태도, 가치 등을 제거하여 연기적 삶, 머무름, 관계를 실현하는 진리의 길을 완성해가는 가르침이다(도성제).

어떤 의미에서, 사성제는 연기를 깨달아가는 개념 틀의 성격이 강하다. 그래서인지 실제로 사성제를 수행에 적용해서 활용해 보면, 대상을 경험할 때 치우치고 한정된 인과관계에 고정되어 분석적인 성향을 띠곤 했던 경험이 있다. 그 결과 경험 대상을 향한 의식이 역동하고 확장되기보다는 오히려 경계가 한정되어 단절된다는 느낌을 받았다. 연기를 통찰하고, 연기적 삶의 태도와 가치를 내재화하는 가장 효과적이고 실제적인 방법이 무엇인지 탐색해야 하는 건 바로 이 때문이다.

연기 2
수행자의 로망은
연기 속에

　불교의 모든 가르침은 어떻게 하면 우리도 붓다처럼 깨달을 수 있는지를 개인의 수준과 조건에 맞추어 팔만 사천 가지로 설명하고 있다. 그뿐이 아니다. 천백억 화신불, 온 우주에 가득한 불보살이 다양한 인연으로 우리들의 근기에 맞추어 깨달음을 돕는다고 한다. 또 평생을 공부해도 다 못 볼 정도로 무수히 많은 경전과 논서가 있다.

　그와 같은 다양한 방편들은 애초에 우리의 수준에 맞추어 더욱 효과적으로 깨달음을 이루도록 돕고자 시작된 친절이고 연민이었을 것이다. 하지만 그 방대한 다양함이 오히려 불교를 이해하는 데 걸림돌로 작용하기도 한다. 불교 공부를 하고자 처음 마음을 낸 사람은 이토록 다양한 방편 앞에서 어디서 무엇을 어떻게 시작해야 할지 몰라 혼란을 겪을 수 있기 때문이다.

　혼신을 다해서 치열하게 수행에 매진한 붓다도 깨달음을 이루는 데까지 6년여의 세월이 필요했다. 따라서 이것저것 다 챙기면서 살고 있는 우리들 가운데 단번에 끝장을 보겠다고 덤비는 사람은 거의 없을 것이다. 하지만 누구나 날마다 조금씩 성장하고 있다는 믿음과 확신을 갖고 싶어 한다는 점에는 이견이 없을 것이다. 그럼 어떻게 수행해야 우리가 어제보다 더 성장한 오늘, 오늘보다 더 지혜로워진 내일을 확신할 수 있을까? 어떻게 공부해야 우리도 붓다가 깨달은 연기를 통찰하고 연기적 삶의 태도와 가치를 내재화하여 일상의 삶과 인간관계에서 그것이 드러나게 할 수 있을까? 그리하여 모든 불교 수행자의 로망인 '삶의 괴로움에서 해방된 붓다의 경지'에 다다를 수 있을까?

　내가 제안하는 수행 체계는, 사성제를 근본으로 삼고, 행복을 장애하는 자신의 두드러진 성향을 오정심관으로 치유하고, 십바라밀을 행하되 삼십칠조도품에 근거해서 실천 수행하는 것이다. 물론 개인차가 있을 테니까 이 수행 체계가 들어맞지 않는 이도 있을 것이다.

　사실 연기는 말이고 꼬리표다. 우리 자신과 세상이 존재하는 방식, 있는 그대로의 모습을 가리키는 손가락이다. 그러므로 우리 자신과 세상 자체를 보지 않고 연기라는 개념에 매여서는 안 된다. 그렇게 되면 연기는 손가락 역할조차 더 이상 할 수 없을 뿐 아니라, 그저 하나의 개념, 관념, 망상으로 전락한다.

그렇다면 연기라는 이 특별한 손가락은 우리 자신과 세상의 무엇을 가리키고 있는가? 나는 그것을 고성제와 집성제 단계에서 보면 아집(我執), 집착(執着), 고착(固着)이라고 생각한다. 그리고 멸성제와 도성제 단계에서 보면 무아(無我)와 무상(無常)을 가리킨다고 생각한다.

한마디로 연기란 아집과 고착, 무아와 무상이 우리 내면과 세상 속에서 각각 고통과 열반, 어둠과 빛, 무지와 지혜로 작동하는 현상을 가리키는 손가락인 것이다. 우리가 고통과 어둠과 무지에 휩쓸리고 있는 순간은 중생의 무지가 치성한 때이고, 열반과 빛과 지혜에 감싸여 있을 때는 우리의 불성, 본각이 작동하는 순간이다. 괴로운 순간에 우리 내면에는 아집과 고착과 집착이 출현하여 존재한다는 사실을 알아차리라는 메시지가 바로 연기라는 뜻이다. 나아가서 무상과 무아가 작용하는 순간의 만남과 경험이 진실한 성장과 행복을 낳는다는 메시지 역시 연기에 담겨 있다.

결국 붓다가 깨달은 연기를 우리도 깨달으려면, 우리도 붓다처럼 자신과 세상에서 무상과 무아를 보아야만 한다. 그런데 집착과 아집을 통하지 않고 진실로 무상과 무아를 깨닫는 길이 있는지는 의문이다. 그래서 번뇌가 곧 보리라고 한 것일까. 살면서 아주 많이 힘들어지는 바로 그 순간이야말로 깨달음이 문을 열고 우리를 맞이하는 때임을 자각할 수 있다면 더 없이 복된 삶이 되지 않을까 싶다.

무상
지금-여기에 있음을 감사하라

연기를 깨닫고 이해하기 위해서는 우리 자신과 세상 만물을 통해 무아와 무상을 보아야만 한다. 그런데 무아를 보는 일은 생각만큼 쉽지 않다. 다시 말해 무아를 통해 연기를 보는 일이 현실적으로 그리 효과적이지 않다는 의미다.

불교 경전에 무어라 적혀 있든 간에, 우리에게 마음과 육신이 있다는 느낌과 생각을 지우기란 사실상 거의 불가능하다. 설사 때가 되면 사라진다고 해도 현재 살아 있는 이 순간만큼은 마음과 육신을 통해 우리의 존재를 끊임없이 체험하고 확인하기 때문에, 그것을 우리 자신과 동일시하는 업식(業識) 또한 지울 수 없다. 그러기 때문에 무아를 사유하다 보면, 자칫 우리의 마음과 육신을 부정하고 현실의 삶과 존재를 부정하는 끊임없는 피드백을 알게 모르게 우리 스스로에게 심는 오류를 범할 수도 있다.

그 결과 몸과 마음을 학대하는 것과 수행을 혼동하거나, 더러는 그 반작용으로 과도하게 자신의 건강에 집착하는 현상을 초래하기도 한다.

나는 연기를 이해하고 깨닫는 가장 효과적인 방법은 우리 자신과 세상을 통해 무상을 사유하고 알아차리는 일이라고 생각한다. 붓다는 조건 지어진 것은 모두 변화한다고 했다. 실제로 시간이 흐르고 상황이 바뀌었는데도 변화하지 않는 것을 발견하는 일은 불가능하다.

때문에 우리 가운데 누군가가 우리들의 남편, 아내, 자식, 부모, 친구 등이 세월이 흘러도 그대로 있을 거라고 굳게 믿고 있다면, 그는 필시 깊은 실망감과 배신감에 직면하게 될 것이다. 그 실망감과 배신감의 일차 원인이 인식 주체인지 인식 대상인지, 아니면 둘 사이의 상호작용인지를 아는 것은 부차적인 문제다. 관계에서 중요한 것은 우리는 누구도 변화로부터 자유롭지 않은 환경과 조건의 산물이라는 사실을 인식하는 일이다.

우리에게서 일어나는 몸과 마음의 변화, 다시 말해 무상을 사유하고 알아차리는 일은 무아나 공(空)을 사유하고 알아차리는 일과는 근본적으로 다르다. 왜냐하면 무아나 공은 무상보다 개념의 성격이 더 강하기 때문이다. 그래서 이들을 설명하기 위해서는 개념적 정의가 필요하고, 그러한 과정에서 아주 난해하고 복잡한 단어들이 어지럽게 나열된다.

그러나 무상은 다르다. 무상은 그야말로 우리들의 눈앞에 펼쳐지고 있는 변화 그 자체다. 그래서 누구든지 들뜬 마음을 잠시만 가라앉히고 바라보면 쉽게 볼 수 있다. 무상은 정신 수준 차와 크게 상관없이 누구나 쉽게 사유하고 알아차릴 수 있다. 그리고 사유와 알아차림의 대상은 자신을 포함해 우리의 감각과 의식을 통해 들어오는 모든 정보다.

우리의 의식이 뭔가에 붙잡혀서 집착하고 있으면 변화를 감지하는 일은 쉽지 않다. 그렇게 무상을 보지 못하는 삶은 때가 되면 반드시 위기에 봉착할 수밖에 없다. 오해와 착각이 그 뒤를 따르기 때문이다. 그런데 그 오해와 착각은 다시 고통이라는 열매를 통해 우리에게 무상을 보도록 종용한다.

모든 수행이 그러하듯이, 무상을 보는 일 또한 중도를 벗어나면 안 된다. 무상에 대한 지나친 둔감함은 고통과 무지를 낳고, 반대로 지나친 민감함은 불안과 무지를 낳는다. 왜냐하면 무상에는 변화의 속도가 내포되어 있기 때문이다. 무상을 본다는 것은 그 무상한 특정 대상에 내포된 변화의 속도를 보고 그 속도와 함께 흐른다는 뜻이기도 하다. 그렇게 더불어 변화하고 춤추는 것이 연기적 존재, 머무름의 모양일 것이다.

예를 들어, 과거를 현재 속에서 다시금 체험하려는 애씀은 곧바로 고통을 잉태한다. 애쓰면 애쓸수록 고통은 더 크게 자라고 치성하는데, 그 속에 휩쓸렸을 때 우리는 마침내 고통에서 자유로워지려는 의지를 발동한다. 그렇게 고통의 시작과 근원을 찾아가는 여정을 시작하고, 결국 무상에 대한 무지를 만나게 된다. 이미 지나간 과거를 붙잡으려는 욕망과 애씀을 발견하고 그런 자신을 향해서 안쓰러움과 연민을 느끼는 순간, 문득 『금강경』의 '과거는 이미 흘러갔고, 미래는 아직 오지 않았으며, 현재는 시시각각 변하는데 대체 무엇에 집착하는가(過去心不可得 現在心不可得 未來心不可得)'라는 가르침이 깊이 다가온다. 이렇게 무한의 공간과 영겁의 흐름이 만나는 찰나, 지금-여기에 머물고 있음을 한없는 감사함으로 맞이하는 것, 그것이 무상을 보는 것일지도 모른다.

십이연기 1

갈애가 일어나면
이미 늦으리

불교 교리의 핵심 개념 가운데 하나인 십이연기는, 아주 심오한 가르침이어서 쉽게 이해하기 어렵다고 알려져 있다. 하긴 붓다가 6년여의 고행 끝에 깨달은 연기법을 6단계, 8단계, 9단계, 10단계로 분류해서 설명을 하다가 결국 12단계로 마무리해놓은 것이 십이연기라는 사실을 감안하면, 우리 수준에서 하루아침에 십이연기를 이해한다는 것이 오히려 이상할 수도 있겠다.

십이연기의 열두 고리는 괴로움이 발생하고 순환하는 구조를 설명하는 것으로, '①무명(無明)-②행(行)-③식(識)-④명색(名色)-⑤육입(六入)-⑥촉(觸)-⑦수(受)-⑧애(愛)-⑨취(取)-⑩유(有)-⑪생(生)-⑫노사(老死)'다. 무명(無明, ignorance)은 무지를 의미하는데, 우리 인간이 가지고 있는 최악의 무지는 역시 연기적 존재에 대한 무지다. 출생부터 죽음까지 누군가에 의

존하고 더불어 생존해야 하는 실존적 진실에 대한 망각이다. 또 태어나면 반드시 병들고 늙어서 죽게 된다는 사실에 대한 망각이다. 그처럼 독립적이고 스스로 영원히 존재하는 것처럼 착각하는 무지를 바탕으로 우리의 일상적인 행위(行, karmic action)가 이루어지고, 그에 따른 경험과 앎(識, consciousness)이 발생한다. 그러면 경험하고 아는 식(識)은 물질과 정신적 대상을 발생시키며, 대상은 이름과 형태(名色, name & form)를 부여받게 된다. 그러면 다시 이들 대상을 지각하는 여섯 종류의 감각 장소, 즉 눈, 귀, 코, 혀, 몸, 마음(六入, six sense fields)이 발생한다. 이들 감각 장소와 감각 대상의 접촉(觸, touch)으로 느낌(受, sensation)이 일어난다. 그러면 좋아하고 원하는 감각적 쾌락을 계속해서 경험하고 싶은 갈망(愛, craving)이 발생한다. 갈망은 다시 집착(取, clinging)을 낳고, 집착은 업의 존재(有, becoming)를 낳는다. 업의 존재에서 태어남(生, birth)이 있고, 태어남은 늙음과 죽음(老死, aging & death)을 부른다.

이렇듯 무지에서 출발해서 죽음에 이르기까지 고통이 순환하는데, 과연 어느 지점에서 어떻게 고통의 연결 고리를 약화시켜서 잘라버릴 수 있는가? 일단 열두 단계 가운데 우리가 가장 강하게 갈등하고 괴로워하는 원인이 되는 곳이 어디인가 하면, 바로 8단계(갈애)다. 갈애는 대상을 갈망하여 대상에게 끌리거나, 대상을 혐오하여 밀어내는 에너지다. 우리는 뭔가를 갈망하거나 혐오할 때 번뇌가 치성해지고 고통이 극심해진다는 걸 경험으로 이미 안다.

그러다가 9단계에 이르러 그 대상에 집착하고, 10단계로 넘어가 그것과 하나가 된다. 10단계에 이르면 고통은 더 이상 대상이 아니라 우리와 분리될 수 없는 하나가 되고 만다. 그러므로 우리가 특정 대상을 갈망하고 혐오하여 고통하고 있는 단계에서는, 갈망하지 않거나 혐오하지 않으려고 애를 쓰면 쓸수록 그 반작용이 더 커진다. 그래서 이 단계에서는 노력하면 할수록 더 많이 좌절하게 되는 결과를 낳는다. 이를테면 사랑의 감정이 극도에 달했거나 분노가 치솟은 상태에서, 이를 중단하려고 애를 쓰는 건 활활 타는 불에 기름을 붓는 격이 된다.

갈망과 혐오를 멈추기 위해서는 이들의 원인이 되는 7단계(수)에서 작업해야 한다. 우리의 감정이 뭔가를 갈망하거나 혐오하기 전에 반드시 즐겁거나 불쾌한 느낌이 선행하게 되어 있다. 그러므로 그 느낌을 알아차리고 자각해야 한다. 느낌 단계에서는 아직 생각이 깊이 개입되지 않았기 때문에, 자각하고 알아차리는 것만으로도 대상에 대한 끌림이나 혐오가 쉽게 해소되고 필요에 따라 조절도 가능하다.

그러나 생각과 계산이 본격적으로 개입된 갈애 단계에서 대상을 향한 끌림과 혐오를 중단하거나 제거하려는 시도는 강력한 역풍을 맞게 되어 있다. 설사 갈망과 혐오에 맞서서 그것을 극복했다고 하더라도, 그건 대개 억압이지 극복이나 초월이 아니다. 억압된 것은 사라지지 않기 때문에 때가 되면 반드시 더 큰 에너지로 일어나게 되어 있다.

갈애 단계에서 애쓰는 것은 누구에게나 힘겹다. 그래서 수행하는 일에는 때로 많은 인욕과 정진의 힘이 요구된다. 그런데 그 애씀이 갈망하거나 혐오하는 대상을 방어하고 부정하여 억압으로 발전하는지, 아니면 갈망하고 혐오하는 감정에 앞서 순간순간 일어나는 느낌을 자각하고 알아차리려는 노력으로 원천을 봉쇄하거나 차단하여 근본적 해소로 나아가는지를 알고 이해하는 것은 중요하다.

십이연기 2
자아의식에 오염된
갈망을 직시하라

앞에서 십이연기의 열두 고리 가운데 번뇌가 극심한 8단계(갈애)를 기준점으로 삼고 고통이 발생하고 순환하는 고리를 끊어낼 수 있는 방법을 모색해보았다. 이번에는 망상이 극심한 5단계(육입)를 중심으로 탐색해보고자 한다.

육입은 눈, 귀, 코, 혀, 몸이라는 다섯 가지 감각기관과 마음을 의미한다. 이들이 각각 감각/인식 대상인 형태, 소리, 냄새, 맛, 촉감, 현상을 만나면 좋아하거나 싫어하는 느낌이 발생한다. 그런데 다섯 가지 감각기관과 마음이 각각의 대상과 부딪치는 과정이 인연 따라 자연스럽게 이루어지지 않을 뿐 아니라, 그 대상에 부여된 의미와 가치 또한 실제가 아니다. 다시 말해 우리의 눈, 귀, 코, 혀, 몸, 마음이 앞의 4단계(명색)에 의해 오염되었다는 의미다.

여기서 우리는 명색(名色)이 무엇인지에 주목해야 한다. 전통적으로 명색은 형태, 소리, 냄새, 맛, 촉감, 현상이라는 정신과 물질, 즉 여섯 가지 감각/인식 기관인 육입(六入)의 대상을 가리킨다. 그런데 이때의 대상들은 실제 있는 그대로의 모습이 아니라 아만, 아애, 아견, 아치의 네 가지 번뇌에 오염되어 있다. 그래서 우리의 감각기관과 인식기관은 이 대상들이 우리의 존재감을 드러내주는지, 우월감 또는 열등감을 주는지, 얼마나 더 인정하고 사랑하는지를 분별해 받아들인다.

다시 말해 다섯 가지 감각기관과 마음이 자연스럽게 부딪쳐오는 대상과 접촉하는 것이 아니라, 자아의식이 원하고 좋아하는 것을 찾고 구하거나 싫어하는 것을 밀어낸다는 뜻이다. 이를테면 갈증이 심한 상태에서 우리의 눈은 물을, 귀는 물소리를, 코는 물 냄새를, 혀는 물맛을, 몸은 물의 감촉을 각각 찾고, 마음은 물을 생각하는 식으로 육입이 모두 물을 갈망하고 구하는 비상사태에 돌입해 있다. 그래서 물 이외의 다른 대상이 눈앞에 있어도 잘 보이지도 들리지도 않는다.

물론 우리의 신체 구조와 마음은 일차적으로 생존을 위해 구조화되어 있기 때문에, 생존을 위협하는 갈증이라는 조건이 발생하면 몸과 마음은 자동으로 살아남기 위한 노력에 집중된다. 이는 자연스러운 일이다. 그런데 4단계에서는 물과 같이 생존과 직결되는 대상뿐 아니라 돈, 명예, 명품처럼 자아의식을 채워주는 대상으로까지 갈망이 확장된다. 하지만 그러한 대상이 우리를 행복하고 특별한 존재로 만들어줄 거라는 기대는 그릇된 신념이자 망상으로, 생존에 필요한 일차적 욕구가 왜곡된 것이다. 이렇게 생존과 관계없을 뿐 아니라, 결국엔 오히려 안락하고 행복한 삶을 방해하는 것들을 갈망하고 추구하면 자신과 이웃과 생태계를 파괴하는 걸 피할 수 없다.

예를 들어 물처럼 생존에 반드시 필요한 것은 필요한 만큼 취하면 갈증이 해소되어 더 이상 탐욕하고 집착하지 않지만, 자아의식을 채워주는 대상을 향한 갈망은 끝이 없기 때문에 충족이 불가능하다. 이러한 충족 불가능성은 무한한 갈망 추구를 부채질하는데, 우리가 지금 맞닥뜨린 전 지구적 문제들은 바로 여기에서 연원한다. 하지만 결코 채워질 수 없는 갈망이기에, 자아의식의 결핍에서 오는 고통은 절대로 멈추지 않는다.

그래서 우리는 명색 단계에서 특별한 훈련이 필요하다. 즉 감각/인식 대상에 대해 사심사관(四尋思觀)을 통해 그 대상들이 가지고 있는 이름(名), 그 이름에 붙여진 뜻(義), 본질적인 공통점(自性), 겉으로 드러난 현상적 차이를 분석하고 자각하는 작업을 하는 것이다. 그러한 과정을 반복하면 우리의 감각/인식 기관이 그 대상들에서 더욱 자유로워지고 집착을 덜어내어 고통의 순환 고리를 약화시킬 수 있다.

십이연기 3

마음 한구석의 집착은 어떻게 떨쳐내는가

사심사관(四尋思觀) 수행은 유식오위 수행의 두 번째 단계로, 첫 번째 단계에서 이루어지는 육바라밀과 삼십칠조도품, 사섭법과 사무량심 훈련을 바탕으로 깨달음을 향해 본격적으로 노력하는 단계다. 이 사심사관 훈련은 말이나 행동으로는 모든 것에 초연한 것처럼 보이지만 무의식 수준에서는 마음이 계속해 대상에 매이고 집착하는 경우나, 말로는 부질없다 하면서 행동과 생각으로는 대상을 쫓기 때문에 내면이 불안정한 사람들에게 필요한 훈련이다.

우리는 흔히 겉으로 드러난 말과 행동으로는 물질과 명예와 돈이 진정한 행복을 주는 것이 아니라고 하면서, 실제 마음 한구석에서는 끊임없이 돈과 명예를 꿈꾸고 추구한다. 이 때문에 몸과 말과 뜻(身口意)으로 짓는 업이 조화를 잃고 마음에 갈등이라는 불협화음이 일어나 정서적 불안정에 시달리고 선하지 않은 마음 작용이 일어난다. 이런 경우는 돈이나 명예가 진정한 행복을 가져다주는 것이 아니라는 사실을 막연히 알기는 하지만 그러한 앎이 아직 충분히 내재화되거나 체화되지는 않았기 때문이다.

명품 가방을 예로 들어 사심사관 수행이 어떻게 이루어지는지 구체적으로 설명하겠다. 이를테면 '프라다'라는 이름(名)은 우리가 알고 있는 소위 명품 브랜드다. 그 이름과 연합한 의미(義)로는 고급, 신분 상승, 부자 등이 있고, 이를 바탕으로 인정, 관심, 지위, 프라이드 등 갖가지 의식적, 무의식적 관념이 더불어 붙어 있다.

그래서 이름과 의미라는 이 두 수준에 머물러 있는 사람들은 명품을 쫓게 되고, 그것을 잣대로 삼아 모든 것을 평가하고 판단한다. 또 이 수준의 사람들은 똑같이 나무로 만들어진 십자가와 불상을 보고 좋아하거나 혐오하는 반응을 보인다.

그런데 마음공부를 시작한 사람들은 대상의 이름과 그 이름에 붙여진 의미의 허망함을 깨닫기 시작한다. 그들은 대상이 가지고 있는 더 본질적인 성질(自性)을 사유하여, 이름이 다를 뿐 본질(體性)은 동일하다는 사실을 깨닫게 된다. 유식론에서는 이를 무분별지(無分別智)라고 부른다. 그러나 자성을 깨달은 정신 수준에 고착하면, 이름-인플레이션(이름에 지나친 가치가 부여되는 현상)을 미워하고 혐오하게 되어, 돈과 명예와 명품 등을 지나치게 싫어하고 공격하는 신구의 삼업을 짓게 된다. 어떤 경우에는 실제로 자성을 깨달은 것이 아니라 그냥 그 뜻만 새겨 내 것과 네 것이 따로 없다고 주장하면서 함부로 타자의 영역과 소유물을 침범하기도 한다.

사심사관의 마지막 훈련은 대상의 차별(差別)에 대한 깨달음이다. 비록 본질은 동일하나 환경과 조건에 따라서 그 작용에서 차이가 있음을 알기 때문에 유식론에서는 이를 분별지(分別智)라고 부른다. 절대적 차이는 아니지만 상대적, 현상적으로는 차이가 있음을 알고 인정하는 것이다. 무분별지 단계가 공(空)에 치우쳐 있다면 분별지 단계에서는 공이 조건과 어우러져 색(色)으로 드러나는 단계라고 할 수 있다. 또 무분별지와는 달리 분별지는 공과 색이 하나임을 아는 단계다.

9장

육도윤회

우리는 하루에도
지옥과 천상을 오간다

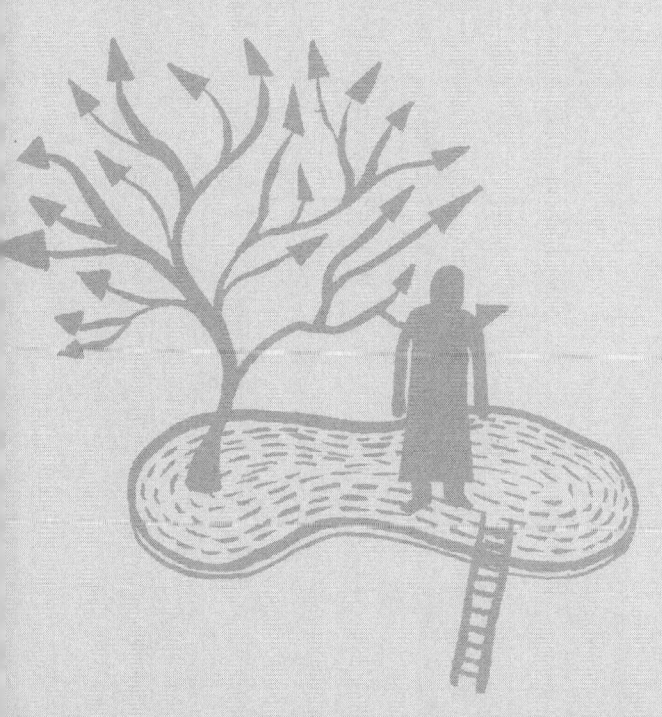

왜 불교 심리 치료인가?

불교에서는 존재하는 모든 생명체는 반드시 태어남과 죽음을 반복하는 윤회의 세계를 돌게 되어 있다고 본다. 그리고 지옥도(地獄道), 축생도(畜生道), 아귀도(餓鬼道), 인간도(人間道), 아수라도(阿修羅道), 천상도(天上道)라는 여섯 가지 방식으로 윤회하기 때문에 육도윤회(六道輪回)라고 한다.

육도윤회의 핵심은 고통이다. 그래서 불교에서는 우리가 윤회의 고통에서 벗어나는 방법을 가르치는 것을 최우선 과제로 삼고 있다. 구체적으로 설명하면, 윤회의 근본 원인이 우리가 탐욕, 화, 무지라는 세 가지 독에 중독되어 있기 때문이라는 사실을 알려주고, 그 독을 해독하는 방법으로 사성제, 팔정도, 십이연기 등 다양한 방법을 가르쳐준다.

우리 가운데 다수는 삼독에 중독되어 있다. 그래서 통증을 겪는데, 만성이다 보니 통증불감증이 되어버렸다. 큰 틀에서 보면, 육도윤회라는 가르침은 그런 이들에게 지금 당장 삼독을 제거하지 않으면 앞으로 어떤 일이 벌어질지를 경고하여 예방하는 방책이라고 볼 수 있다. 또한 이 가르침은 고통에서 벗어나고자 하는 사람들에게 삼독에 중독된 이유와 고통의 구체적이고 생생한 실상을 설명하고 있다. 나아가서 그러한 고통의 감옥에서 벗어날 수 있는 현실적인 길을 알려주고 있다.

쵸감 트룽빠(Chögyam Trungpa) 린포체는 불교를 심리학 관점에서 풀어낸 저서 『타고난 불성(The Sanity we are born with)』에서 육도윤회를 "우리 자신과 주변을 향한 정서적 태도"로 정의하고, 특히 이 '정서적 태도'는 개념적인 해석과 합리화로 채색되고 강화되어 있다고 보았다.

그는 우리가 하루 동안에도 육도의 정서를 모두 경험할 수 있다고 했다. 하지만 한 사람으로 시선을 좁혀서 보면, 우리는 대개 육도 가운데 어느 특정한 한 영역에 뿌리를 내리고 있다. 그리고 각자가 뿌리내리고 있는 그 특정한 영역은, 우리가 어떤 형태의 무지와 독성을 가지고 있는지에 대한 정보를 제공한다.

한편 불교 정신의학자인 마크 엡스타인(Mark Epstein)은 저서 『붓다의 심리학(Thought without a thinker)』에서 서양의 심리 치료를 육도윤회의 가르침과 비교했다. 그는 서양의 심리 치료가 육도 가운데 어느 한 영역에 치우쳐서 나머지 다른 영역을 다루지 못했다고 보았다. 이를테면 프로이트는 축생도에 중점을 두었고, 그 외 분석심리학자들은 불안과 공격성을 특징으로 하는 지옥도에 중점을 두었다. 그리고 인본주의 심리학자인 칼 로저스나 에이브러햄 매슬로는 천상도에 초점을 맞추었고, 자아심리학자들은 인간도에 주로 관심을 두었다. 그 결과, 이들의 방식이 치료에 도움은 되었지만 한 가지 문제를 해결한 후 항상 또 다른 문제에 부딪쳤다. 이것이 바로 서양 심리 치료가 드러내는 한계다.

반면 육도윤회라는 가르침을 통한 불교 심리 치료는, 인간이 겪는 모든 심리 상태를 하나의 특정 영역으로 국한하지 않고 이 문제에서 저 문제로 옮겨가는 고통의 수레바퀴로 이해하여 인간의 고통을 더욱 근본적이고 전체적으로 다룬다. 이것이 바로 불교 심리 치료가 서양 심리 치료를 뛰어넘을 수 있는 가능성의 바탕이다. 이제 심리적 관점에서 본 육도에 대해서 차례로 살펴보자.

지옥도 1
공격성에 빠져 있을 때
지옥을 경험한다

지옥은 흔히 불 속이나 끓는 기름 속에서 받는 고통이나, 굶주린 동물에 의해 사지가 뜯기는 고통과 같은 이미지로 그려진다. 심리학 관점에서 보면 공격성, 불안, 공포에 의한 고통이 지옥에 해당한다. 그 가운데서도 특히 분노로 가득 차서 성난 불길처럼 이글거리고 활활 타오르는 공격성의 심리 상태가 지옥의 핵심을 잘 드러낸다.

공격성은 타자나 자기 자신을 향한 멈추지 않는 분노에 기초를 두고 있다. 이에 대해 쵸감 트룽빠 린포체는 "공격성에는 끝이 없는 혼란과 불확실성이 함께 있다. 왜냐하면 자기를 둘러싸고 있는 환경 전체를 공격성으로 물들이고, 마침내 그 환경이 다시 자신을 공격하도록 만들기 때문"이라고 말했다. 공격성의 심리 상태에서는 마치 뜨거운 한여름에 아스팔

트 위를 걸어가는 것과 같이 땅이 공기에 식어 잠시 잠깐 괜찮은 듯하다가도 아스팔트에서 계속 올라오는 열기에 숨이 막혀 폐소공포증을 앓는 것 같은 느낌을 받는다. 그러고는 마침내 누가 누구를 공격하는 것인지 알지 못하는 공격의 순환, 윤회 상태에 빠지게 된다.

공격성은 전통적으로 붉은 불을 내뿜는 하늘과 땅으로 상징된다고 한다. 땅은 붉고 뜨거운 철로 변하고 공간은 불과 불꽃이 된 그곳에는, 시원한 공기를 호흡할 수 있는 어떠한 공간도 없다. 주위가 온통 극도로 뜨겁고 밀폐되어 있다.

그와 같은 심리 상태에서는 대화의 창구란 없다. 오직 분노를 재생산하는 방식으로 공격성을 표출할 뿐이다. 하지만 적을 공격하거나 상대를 이기려고 하면 할수록 더 큰 저항과 역공격에 부딪치게 된다.

그렇다면 그와 같은 지옥도의 심리 상태에서 벗어나는 실현 가능한 길은 무엇인가?

쵸감 트룽빠 린포체는 "지옥과 같은 마음 상태는 오직 외부 세계와의 관계에서만 발생할 수 있다."고 한다. 분노를 핵심 감정으로 하는 지옥도는 분노의 대상을 향한 공격성에 의해서 유지되기 때문이다. 상대가 우리를 향해 공격성을 드러내든 우리가 상대에게 공격성을 드러내든, 반드시 서로 분노하는 대상과의 관계 속에서 지옥도의 심리 상태가 형성되므로, 공격성이 유지되는 한 지옥도의 심리 상태는 사라지지 않는다. 그러므로 타인을 향한 공격성을 통해 자신의 고통을 제거하지는 못한다. 공격성은 또 다른 공격성을 생성하기 때문에 결국에는 끝이 없는 공격의 대상을 만들게 된다.

한편 마크 엡스타인은 티베트불교의 윤회도(輪廻圖)에는 지옥에서 관세음보살이 거울을 들고 있거나 청정한 불꽃을 들고 있는 모습이 담겨 있다고 한다. 이는 지옥 중생이 자신의 고통스러운 모습을 거울에 비추어 보고 그 고통의 원인이 바로 자기 자신이라는 사실을 자각할 때만 지옥에서 벗어날 수 있음을 암시한다.

정신의학 측면에서 지옥이란 공격성으로 인해 발생하는 불안과 공포의 심리 상태를 말한다. 공격성은 흔히 우리의 욕구를 성취하는 데 장애가 되는 대상을 향해 발생한다. 그리고 그러한 공격성의 에너지는 내면의 불안과 공포를 초래한다. 이는 어린 시기에 사랑과 인정을 받고자 하는 욕구가 좌절된 경험이 일차 원인이다.

불교 심리학 관점에서 보면, 공격성의 뿌리에서는 자아에 대한 집착과 함께 아만, 아애, 아견, 아치라는 네 가지 번뇌가 작동하고 있다. 그리고 분노하고 공격하는 마음 상태는 고정되어 있는 것이 아니라 애착이나 자만 등과 연합되어 있다. 그 결과 망상이 작용하여 실상을 왜곡하고, 우리의 오해와 착각 속에서 다양한 형태의 심리 상태가 수시로 새롭게 생성되고 변환되어 감정이 끝없이 출렁인다. 그래서 우리는 출구를 알 수 없는 고통의 파도에 휩쓸린다.

불교 수행에서 공격성은 자비를 통해 해독된다. 그러므로 지옥 같은 심리 상태에서 벗어나는 유일한 길은 공격의 대상을 향한 적개심을 자애로움과 연민으로 전환하는 것이다. 따라서 문제는 어떻게 공격성을 자비심으로 전환할 수 있느냐 하는 것이다.

지옥도 2

이웃이 행복해야
우리도 행복하다

　　　　　　　　　　이미 설명했듯이 화(공격성, 분노)는 상대를 공격하면 할수록 더 큰 저항과 공격에 직면하게 되는 심리 상태다. 이는 화가 화를 불러일으키는 악순환 상태에 빠져 있기 때문에 화가 나는 상대를 향해 공격성을 드러내는 것으로는 자신의 고통을 제거할 수 없다는 뜻이다. 화는 자신의 내면에서 치밀어 올라오는 것이기 때문에 상대방에게 가하는 공격으로는 화의 감정이 근본적으로 제거되지 않는다. 그런데 화가 많은 사람들은 화의 원인이 자기 자신에게 있다는 사실을 알지 못한다.
　그러나 화의 원인이 자기 자신에게 있다는 사실을 알고 있다고 해도 결과는 크게 달라지지 않는다. 그것을 아는 사람들은 진심으로 화를 내고 싶어 하지 않지만, 시시때때로 치밀어 올라오는 화를 자기도 어찌지 못하고 분노의 감정에 휘말리곤 한다. 그 결과 화를 내고 싶지 않은데 화를 냈다는 자책 때문에 더 많이 화가 나고, 무의식으로는 상대방에게 책임을 전가한다. 그러므로 화의 감정을 다루는 데서는 화의 원인을 알거나 분석하는 일보다 화의 에너지를 전환하는 것이 현실적으로 훨씬 더 중요하다.

그렇다면 화의 에너지를 전환하는 불교 수행법에는 어떤 것이 있는가? 오정심관 수행에서는 화가 많은 사람은 자비관을 하라고 했다. 자비관 수행에서는 측정할 수 없는 네 가지 무한한 마음(사무량심)인 자애, 연민, 기쁨, 평정을 배양하는데, 사무량심 가운데 특히 자애와 연민을 훈련하는 것이 화의 에너지를 전환하는 데 중요하다(구체적인 방법은 167~171쪽 '자비관' 참고).

그럼 왜 자비관이 화의 에너지를 전환하는가? 우리가 내면의 화를 누군가에게 쏟아내는 건, 망상에 빠져서 상대방의 실제 모습(실상)을 있는 그대로 보지 못하기 때문이다.

특히 화가 상대방에게서 촉발된 경우, 우리가 상대방이 처한 조건과 상황을 자세하게 살펴본다면 상대방 역시 누군가에 의한 피해자이고 고통 속에서 신음하고 있는 가련한 존재라는 사실을 깨닫게 된다. 그리고 그 역시 우리와 마찬가지로 따뜻하고 친절하고 사랑스러운 관심과 이해가 필요한 나약한 존재임을 알게 된다. 다시 말해서 상대방에게는 우리를 화나게 하려는 의도 따윈 없었다. 단지 그렇게 반응하도록 조건 지어져 있었을 뿐이다.

화내는 상대방의 조건 지어진 인연을 이해하면, 상대방의 화가 '나'를 향해 의도된 것이 아니라 자신도 통제할 수 없이 발생하는 마음의 병,

즉 '조건 지어진 반응'이라는 사실을 알게 되어 자연스럽게 연민심이 일어난다. 그 연민심은 상대방이 고통에서 벗어나기를 바라는 마음을 일으키게 되고, 그 마음의 에너지는 다시 상대방의 화 에너지를 진정시키는 치유의 역할을 하게 된다.

 이번에는 화 유발자가 상대방이 아닌 우리 자신인 경우를 살펴보자. 우리가 누군가에게 화를 낼 수 있는 것은 화의 감정에 휩싸여서 상대방의 존재를 온전하게 자각하지 못하기 때문이다. 우리의 화난 감정에 의해서 상대방이 받게 될 상처를 진실로 알지 못한다는 뜻이다. 또한 상대방도 우리 자신과 마찬가지로 상처받고 나약하며 행복하기를 바란다는 사실을 우리는 자주 망각하기 때문이다. 그러므로 우리의 주의를 '나' 중심에서 상대방을 향한 관심으로 전환하는 자애와 연민 수행은 자연히 상대방에 대한 화와 공격성을 약화시키는 작용을 한다.

 한편 정신분석 입장에서 보면, 화와 공격성의 깊은 무의식에는 상대방에게서 인정과 사랑을 받고 싶은 갈망이 있다. 그러한 인정과 사랑을 갈망하는 어린 시기의 욕구가 지나치게 좌절되어 자신과 타자를 향한 분노로 전환된 것이다. 그러므로 좌절된 사랑, 즉 병리적 사랑의 요구가 변질된 화의 지옥에서 탈출할 수 있는 유일하고도 근본적인 치유법은 상대방과 자신을 향한 자애와 연민심을 기르는 훈련이다.

아귀도 1
만족을 알아야
만족할 줄 안다

　　　　　　　　　　　　　　육도 가운데 가장 생생하게 묘사되어 있는 것이 아마 아귀도일 것이다. 바짝 마른 사지와 잔뜩 부풀어 오른 배에 비해 가느다란 목구멍을 가진 유령 같은 형상을 한 아귀는 갈증을 해소하기 위해 엄청난 고통에 시달린다. 바늘구멍같이 가늘고 좁다란 목구멍으로 과거생생 누적된 태산 같은 욕망의 배를 채운다는 것은 불가능하기 때문이다.

　육도를 정신분석학 관점으로 설명한 마크 엡스타인은 아귀의 모습을 인간의 끝없는 욕망에 비유했다. 한편 쵸감 트룽빠 린포체는 아귀도의 특징을 부를 추구하고 소비에 몰두하여 끊임없이 확장하면서도 계속 궁핍함을 느끼는 모습으로 묘사했다. 즉 어린 시절에 결핍되고 좌절된 욕구들을 떨쳐버리지 못하고 성인이 되서도 과거의 불만족을 충족시키고자 집착하는 인간의 모습은, 마치 바늘구멍같이 좁은 목구멍으로 태산 같은 배를 채우려고 허우적거리는 아귀와 흡사하다는 것이다. 이렇듯 아귀의 세계는 현재에 만족할 줄 모르고 과거의 환상에 사로잡혀 끝없이 욕망을 쫓는 사람들의 마음을 표현한 것이다.

그런데 엡스타인이 말했듯이, 아귀처럼 욕망을 쫓는 사람들의 심리를 치료하기는 상당히 어렵다. 엡스타인에게 상담을 받는 사람 가운데, 이 사람 저 사람을 동시에 사귀지만 어느 누구에게도 만족을 못하는 사람이 있었다. 그는 일단 특별한 사이가 되어 상대방이 자기에게 관심을 갖기 시작하기만 하면, 상대방에게 싫증을 내면서 불평을 늘어놓으며 마음속으로는 새로운 사람을 갈망했다.

그는 어린 시절에 냉정하고 차가운 어머니 밑에서 따뜻하게 안겨보지 못하고 늘 잘못만을 지적당한 아동기 경험을 가지고 있었다. 따뜻한 보살핌이 필요했던 시기에 그것을 받지 못하고 대신에 그러한 돌봄을 갈망하는 마음 상태가 습관 에너지로 굳어버린 것이다. 하지만 필요한 관심과 애정을 적절하게 받고서 만족하는 경험이 결핍되어 있기 때문에, 원하는 데는 익숙해 있어도 원하는 것이 채워졌을 때 그것을 받아들이고 만족할 줄 아는 방법을 몰랐다. 그래서 그는 사람들의 관심을 무조건 원하기만 할 뿐, 서로 마음을 주고받으면서 키워나가지 못했다.

심리학적으로 보면 인간의 정상적인 성장과 발달을 위해서는 적절한 애정과 돌봄이 필요하다. 그리고 그것은 반드시 필요한 시기에 주어져야 한다. 만일 아동기의 성장에 필요한 어느 정도의 사랑과 관심이 지나치게 부족하거나 반대로 넘쳐흐른다면, 그것은 곧바로 아이의 성장을 장애하는 요인이 된다. 하지만 세상의 어떤 부모도 자녀의 요구에 완벽하게 응할 수는 없기 때문에, 정도 차는 있지만 모두가 나름의 문제를 안고 살아가기 마련이다. 그러므로 우리가 당면한 가장 현실적인 문제 가운데 하나는, 어떻게 하면 지칠 줄 모르는 우리의 욕망, 만족할 줄 모르는 갈증을 해소할 수 있는가 하는 것이다.

아귀도에 그려진 관세음보살은 사발을 들고 있다. 엡스타인은 채우지 못하는 갈증을 잠재울 수 있는 붓다의 가르침이 그 사발에 담겨 있다고 해석했다. 다시 말해 우리의 끝없는 욕망과 공허함의 근본 뿌리를 제거할 수 있는 감로수가 담겨 있다는 것이다.

아귀도 2

우리는 욕망하도록
길러졌다

지구상에서 인간만큼 스스로를 감당할 수 있는 능력을 갖추는 데 긴 시간을 필요로 하는 존재는 없을 것이다. 그만큼 우리는 생존을 위해 누군가에게 의존해야 하기 때문에 어려서 돌봄과 사랑을 받는 것은 선택이 아니라 삶을 위한 필수조건이다. 다시 말해 우리는 살아남기 위해서 다른 생명체들에 비해 상대적으로 더 긴 시간을 더 많이, 그리고 더 필사적으로 요구하고 갈망할 수밖에 없는 운명적 존재인지도 모른다.

그러나 그러한 인간 조건이 우리를 평생 원하고 요구만 할 뿐 만족할 줄 모르는 삶을 살도록 만드는 것은 아니다. 오히려 그러한 삶의 조건은, 선천적으로 홀로 살 수 없는 존재들이기 때문에 서로 돕고 사랑하면서 살아야 한다는 연기적 깨달음으로 우리를 이끄는 최고의 수단이 될 수도 있다. 또한 사랑받고 인정받으려는 노력은 자연스럽게 우리의 관심과 주의를 상대로 향하도록 하기 때문에, 그만큼 상대의 존재를 알고 배려하는 능력을 배양할 수 있는 기회가 될 수도 있다.

그런데 왜 우리는 서로 돕는 대신에 경쟁하고 질투하는 일에 더 익숙해 있는 것일까? 그것도 타고난 특성일까? 불교의 가르침은 그렇지 않다고 선언한다. 그것은 생을 반복하면서 누적된 사회문화적 산물로서의 습관일 뿐이다. 이를테면 돈을 갈망하고 돈에 집착하는 사람은, 어린 시절에 돈과 관련한 치명적 결핍을 경험했기보다는 돈을 벌고 사용하는 일과 관련한 건강하고 합리적인 모델을 부모나 사회에서 배우지 못했다고 보는 것이 더 타당할 것이다. 이를테면 재벌 부모 밑에서 자라난 재벌 2, 3세들이 보여주는 물질을 향한 탐욕은 어린 시절의 결핍보다는 부모가 보여주는 역할모델과 더 밀접한 관계가 있다.

갈수록 물질을 탐하고 명품을 갈망하는 현상도 마찬가지다. 우리는 어려서부터 온갖 광고와 선전에 노출되어 성장해왔다. 아직 말을 할 줄 모르는 어린아이가 드라마 내용에는 별 관심을 보이지 않다가도 광고나 선전이 나오면 눈과 귀를 쫑긋 세우고 주의를 집중하는 모습을 쉽게 관찰할 수 있다. 왜냐하면 광고는 편안하고 자연스런 형태나 색깔이나 소리가 아닌 인위적이고 의도적인 수단으로 우리의 시각과 청각을 자극하여 주의를 사로잡기 때문이다. 그러니까 아주 어려서부터 우리는 알게 모르게 소비를 부추기는 온갖 미디어에 길들여져서 끝없이 새로운 제품을 갈망하는, 자본주의의 대량생산품 소비자로 길러져왔는지도 모른다.

　이처럼 개인적, 사회적 조건과 원인에 따라 형성된 인정받고 사랑받고 싶은 우리의 지칠 줄 모르는 갈망과 욕구를 불교에서는 집착이라고 부른다. 그리고 그 집착을 내려놓지 않는 한 갈증과 허기진 심리 상태로부터 자유로워질 길은 없다고 불교는 말한다. 집착은 반드시 고통을 부르기 때문에, 우리 역시 괴로운 순간에는 집착을 내려놓고 싶어 한다.

　문제는 어떻게 내려놓아야 하는가이다. 더러는 집착을 내려놓으라는 그 가르침만으로도 움켜쥔 대상을 확 놓아버리는 경우가 있지만 대부분은 그렇게 되지 않는다. 왜냐하면 집착의 대상은 고통뿐 아니라 즐거움도 함께 담고 있어서, 그 즐거움에 대한 경험과 기억을 포기하는 일이 그리 쉽지 않기 때문이다.

　불교의 가르침에서 집착하는 대상을 놓는 방법 가운데 하나는 부정관이다. 그 대상이 가지고 있는 부정적인 내용과, 그로 인해서 발생하는 부정적인 결과를 스스로에게 상기시키고 떠올리는 명상법이다. 또 다른 방법으로는 유식의 사심사관과, 사랑과 인정을 받고 싶은 욕구를 사랑하고 인정하는 행위로 전환하는 대치법이 있다.

아귀도 3

욕망의 방향을 돌려라

원래 부정관은 주로 감각 욕망에 대한 집착을 끊기 위한 방편으로, 대상이 늙고 병들어 썩고 백골이 되는 과정을 해부학적으로 관찰하는 방법이다. 그런데 부정관을 통한 수행은 자칫하면 갈망하는 대상만이 아니라 자신을 포함한 모든 존재가 더럽고 추하다는 부정적인 느낌과 생각을 불러일으킬 위험이 너무나 크다. 그 결과 흔히 "어차피 죽으면 썩어 없어질 이 몸뚱아리……."라는 식으로 몸을 함부로 대했던 수행의 잔재들이 지금까지도 전통이라는 이름으로 산재해 있다.

어쩌면 수행 과정에서 감각 욕망을 제어하는 데 상대적으로 더 많은 어려움을 겪는 남자들이, 부정관을 통해 욕망의 대상인 여자를 함부로 대하고 업신여긴 나머지 일반 사회에 비해 더 많은 남녀불평등 수행 전통이 승가에서 유지되고 있는지도 모른다. 또한 부정관은 자칫 심리적 투사나 억압 같은 방어기제와 함께 사용될 수도 있다. 예를 들어 성적 욕망이 억압되면, 자기가 상대방을 욕망함에도 상대방이 자기를 유혹한다는 식으로 자기의 감정을 상대에게 투사하기도 한다.

부정관에 이러한 부작용이 있기 때문에, 사심사관이나 대치법을 통해 집착하는 대상을 놓는 훈련을 해보자. 사심사관에 대해서는 십이연기(226~228쪽 참고)에서 이미 상세하게 설명했으므로 여기서는 생략하고 대치법을 살펴보겠다.

욕망하고 갈애하는 대상에 대한 집착에서 해방될 수 있는 근본적인 해결책은 물론 공(空) 또는 무아에 대한 깨달음이다. 갈망하는 자아나 갈망의 대상이 본질적으로 공하다는 진실을 깨닫게 된다면, 지칠 줄 모르는 욕망이 멈추는 것은 말할 것도 없고 윤회의 속박에서도 벗어나게 된다. 그러나 채워지지 않는 욕망으로 인해 고통의 한가운데 있는 우리들이, 갈망하는 자아나 갈망의 대상뿐 아니라 갈망하는 그 마음 역시 무상하고 공하다는 사실을 스스로 깨닫고 고통에서 벗어나는 것은 불가능하다.

무조건 집착을 놓으라고 하는 것 또한 실효성 없기는 마찬가지다. 누구보다 갈망과 집착 때문에 고통하고 있는 당사자인 우리 자신이 누구보다 더 그것들을 내려놓고 자유로워지길 원한다. 그런데 그냥 쉽게 내려놓을 수 있는 것이 집착이라면 집착이 문제될 것이 있겠는가. 집착은 쉽게 내려놓을 수 있는 것이 아니다. 그러므로 집착을 내려놓는 방법이 문제가 된다.

그래서 대치법이 필요하다. 아무리 사랑과 인정을 받아도 만족하지 못하고 계속해서 사랑을 갈구하는 증상을 치유하는 방법은, 역으로 다른 사람을 인정하고 사랑하는 것이다. 어린 시절에 결핍했던 사랑과 돌봄은 받아서 채워지는 것이 아니라 줘서 채워지는 것이다. 지극히 유아적이고 자기중심적인 결핍감은 주는 행동을 통해 성숙해야 벗어날 수 있는 것이기 때문이다. 자원봉사를 하는 사람들이 삶의 보람을 느끼고 자신에 대해 훨씬 더 긍정적인 이유도 여기에 있다.

어떤 이는 가족이나 연인에 집착하여 필요 이상의 관심과 돌봄을 줘서 상대의 심리적, 물리적 여유 공간을 박탈하기도 한다. 이들은 관심과 사랑을 주는 것으로 자신의 존재감을 드러내려고 하기 때문에, 상대방이 자기의 사랑을 인정해주지 않는다고 불만이고 괴로워한다. 그러한 사람들이 가족이나 연인 대신 정말로 필요한 사람에게 자기의 사랑과 관심을 준다면, 자기 존중감이 커질 뿐 아니라 가족과 연인에게 인정과 존경을 받을 수 있다.

아귀처럼 바닥없는 허기에 고통하는 상태에서는 집착의 대상을 내려놓지 못한다. 대치법은 고통의 대상을 포기하고 끊으라고 가르치는 대신, 그러한 욕구의 에너지를 다른 방향으로 돌려 주의와 관심을 옮길 수 있도록 유도한다. 또한 베풀고 보시하는 마음을 배양하여 유아적 욕구에서 자유로워지도록 한다. 사랑의 경험과 대상을 포기하기보다는 오히려 그들과 더욱 성숙하고 새로운 관계로 다시 만날 수 있도록 돕는다.

축생도 1

앞만 보고 가는
어리석음

축생도의 가장 두드러진 특징은 어리석음이고 그것을 대표하는 동물로는 주로 돼지가 등장한다. 축생도에서의 어리석음은 우리가 삼독(탐욕, 화, 무지)을 언급하며 가리키는 본질적인 무지를 말하는 것이 아니다. 다시 말해 연기법, 인연법을 모르는 어리석음이 아니란 뜻이다. 육도를 윤회하는 근본 이유가 연기법을 알지 못하는 데 있으며, 육도에서 벗어나는 길 또한 연기법을 깨닫는 것임을 상기해보면, 그러한 무지가 축생도만의 특징으로 부각될 필요가 없다는 사실을 금방 이해할 수 있을 것이다.

그러면 축생도에서 말하는 어리석음이란 무엇일까? 쵸감 트룽빠 린포체의 말을 통해 알아보자. 그가 말하길, 우리는 모두 제각기 먹고 자고 걷고 행동하는 스타일이 있는데, 남이 자기를 어떻게 보는지 알지 못하고 스스로도 자신이 행위하는 방식을 알지 못하는 눈 뜬 장님이다. 다시 말해 축생도에서 말하는 어리석음이란, 자기 스타일을 타인의 관점에서 보지 못하기 때문에 자기가 세상에 어떻게 비춰지는지에 대해서 아무런 생각이 없는 것을 말한다.

축생도 정신세계에 있는 이는 앞으로 돌진만 할 줄 알지 좌우를 함께 둘러볼 줄을 모른다. 그래서 주어진 규칙이나 전통만을 고수할 뿐, 그것을 다양한 조건과 상황에 맞게 새롭게 정의하여 더욱 현실적이고 효율적으로 적용할 줄을 모른다. 그런 사람은 미리 정해진 목표만을 향해서 돌진하는 스타일이기 때문에, 일이나 인간관계에서 유머감각이 결여되어 있다. 장애물을 만나면 짜증을 내면서 그냥 밀고 나간다. 그 과정에서 누가 상처를 받든지, 가치 있는 뭔가가 파괴되든지 상관치 않고 앞만 보고서 무조건 밀고 나간다. 그 와중에 무슨 일이 일어나면 자기에게 유리한 쪽을 선택하여 다시 밀고 나간다.

만일 누군가가 자기를 공격하거나 서투른 자기 능력에 도전하면, 미성숙한 방식으로 상황을 처리하고 스스로를 정당화하는 길을 찾아서 합리화한다. 그런 유형의 사람은 진실에는 아무런 관심이 없기 때문에 남 앞에서 거짓을 서슴지 않는 건 당연하고, 자기가 행한 그런 거짓을 명석함의 근거로 여겨 자부심을 갖기까지 한다. 자기가 올바르게 하고 있음을 입증하기 위해 온갖 변명과 구실을 강구한다. 그리고 이러한 일련의 행동은 자동적으로 이뤄진다.

한편 마크 엡스타인은 축생도를 식욕과 성욕이라는 두 욕구를 만족시키려는 인간의 본능적이고 충동적인 부분에 해당한다고 보았다. 쵸감 트룽빠 린포체와 마크 엡스타인의 두 관점을 통합하면 축생도의 특징은 성욕과 식욕, 그리고 타자에 대한 인식이 결여된 자기중심적 무지가 합해진 것이다. 그렇다면 그와 같은 정신세계에 지배받고 사는 사람을 치유하기 위해서 불교는 어떤 가르침을 제시하고 있는가?

축생도에 나타나는 관세음보살은 책을 들고 있다. 이는 동물적인 본성에 가장 결핍되어 있는 사고하는 능력이나 사색하는 능력을 상징한다. 동시에 사고하고 사색하는 능력을 이용해서, 식욕과 성욕에서 비롯되는 인간의 모든 고통에서 자신을 해방하라는 의미를 담고 있다. 나아가 타자의 존재에 대한 인식이 결핍된 자기중심적 무지와 고집스러움은 다른 이의 생각과 가치, 감정과 입장을 경청하여 이해하고 수용하는 것으로 치유될 수 있다는 사실을 보여준다.

특히 관세음보살이 들고 있는 책에 붓다의 가르침이 담겨 있을 것임은 누구나 쉽게 짐작할 수 있을 것이다. 그러므로 불법을 배우고 실천하는 길, 그것이 축생 마인드에서 벗어날 수 있는 궁극의 길임은 말할 것도 없다.

축생도 2
가끔은 정신이 번쩍 드는
따끔한 충고를…

그럼 축생도 정신세계에서 벗어나는 길을 본격적으로 살펴보자.

우선 정신분석 입장에서 축생도의 주된 특징을 성욕으로 본 마크 엡스타인의 견해를 살펴보자. 프로이트는 인간이 성욕과 같은 동물적 욕구를 인격적으로나 사회적으로 더욱 바람직한 방향으로 바꿔나가는 것을 '승화'라고 지칭했다. 그리고 성욕과 같은 감각적 쾌락은 결코 충족될 수 없는 것이기에 그것을 추구해서는 인간의 궁극적인 행복을 얻을 수 없다고 생각했다. 그렇다면 그러한 욕망을 무조건 억압하고 무시해야 할까? 그렇지 않다. 그런 식으로는 인간의 동물적 속성이 없어지지는 않는다. 욕망은 억압하면 할수록 더욱 강해져서 무의식의 세계를 지배하기 때문이다.

엡스타인은 불교와 정신분석이 인간의 동물적 속성을 이해하고 다루는 일에 근본적으로 견해를 같이 한다고 보았다. 인간이 자신의 성욕에 비정상적으로 집착하는 것도 병이 되지만, 필요 이상으로 억압하고 죄악시하는 것 또한 병적인 결과를 초래한다는 것이다. 그는 성욕을 금기시하는 종교 전통에서는 동서양을 막론하고 성욕을 무리하게 억압하기 때문에 오히려 그러한 동물성이 마음속 깊이 자리 잡고서 영적 성장을 방해해왔다고 이야기했다.

사실 단지 성행위를 했다는 이유만으로 누군가에게 손가락질을 하는 것이 바람직한 것만은 아니다. 인간이라면 본질상 누구나 성욕을 일정 기간 겪을 수밖에 없다. 성욕이란 어떤 형태로든지 극복해가야 하는 인생의 과제 가운데 하나일 뿐이고, 개인의 성장 경험과 인격에 따라서 그 과제를 좀 더 현명하게 수행하든지, 좀 더 우둔하게 수행할 뿐이다.

그런데 독신 생활을 하는 종교인에게는 자신의 동물적 속성을 좀 더 자연스럽고 정상적으로 극복해갈 수 있는 기회가 부여되지 않는다. 대부분의 신도들이 종교 지도자는 자신과 똑같은 성욕을 지니지 않았다고 생각하는 상황인지라, 자연스럽고 정상적으로 축생의 본성을 들여다보는 훈련이 용납되지 않기 때문이다.

자연스런 성욕은 그다지 병리적이지 않아서 누구든지 감당할 수 있는 정도다. 다만 사랑이나 인정에 대한 욕망 같은 우리들의 다른 욕망들에서 비롯되는 좌절감과 스트레스가 성욕을 부추기면 상황은 달라진다.

순수한 성욕이 아닌 다른 욕망과 연합한 성욕이 문제가 된다는 뜻이다. 그러므로 성욕과 관련해 우리가 다루어야 할 정말로 중요한 과제는, 그것이 우리의 인간관계 속에서 사랑이나 인정과 결합해 어떻게 왜곡되어 표현되는지를 올바로 이해하는 것이다.

그러므로 우리에게 필요한 건, 성욕을 무분별하게 표출하거나 무조건 억압 또는 회피하는 식으로 정면으로 맞서 힘겨운 싸움을 하는 게 아니라, 있는 그대로의 성욕을 자각하는 일이다. 그렇게 자각한 것을 수용하는 게 더욱 근본적인 해결책이 될 수 있다. '수용'이란 욕망을 무조건 충족하는 것을 의미하지 않는다. 그것은 순간순간 우리 내면에서 일어나는 욕망에 정서적으로 열려 있는 상태에서 있는 그대로의 감각, 감정, 사고를 알아차림으로써 행위가 의식적인 선택이 되게 하는 것이다. 자신의 모습을 자각하지도 못한 채 욕구에 이끌려 다니지 않는 것이다. 또한 자신의 경험을 억압하고 조작하려는 무의식적 노력과 투쟁을 멈추고 열린 눈과 열린 가슴으로 깨어 있는 것이기도 하다. 그러한 과정을 통해 우리는 자신의 욕구를 새롭게 바라보고 경험하며, 대결이나 위협을 조장하는 대신 조화와 평화와 사랑의 관계를 가능하게 하는 수단과 원천으로 욕구를 전환할 수 있게 될 것이다.

이미 지적했듯이 축생도 정신세계의 특징은 남들이 자기를 어떻게 보는지에 대해서 무지한 것이다. 그러므로 축생도 정신세계에서 벗어나는 일은 주위에서 돕지 않으면 안 된다. 좀 더 구체적으로 설명하면 인간적인 통찰이 부족해서 흔들리지 않는 사람을 신념이 있는 사람으로 오해해서는 안 된다는 것이다. 또한 진실과 진리에 무관심하기 때문에 반대 목소리를 경청하지 않고 요리조리 피해가면서 오직 목적만을 성취하려는 태도를 초지일관하는 추진력으로 착각해서도 안 된다.

축생도 정신세계를 가진 사람은 주어진 상황에서 무엇이 옳고 그른지를 판단하는 것이 아니라 자기 원칙이나 개념을 고수하기 때문에 상황을 이해하지 못한다. 그들은 변화에 둔감하다. 겉으로 변화를 따르더라도 변화의 본질을 이해하지 못하기 때문에, 전통과 규칙이라는 미명 아래 고집을 부리면서 자아의식을 지키려고 한다.

거듭 강조하지만 축생도 정신세계에 있는 사람은 사유하고 소통하는 능력이 부족하기 때문에 주변의 거부나 알아차림, 싸늘한 반응 없이는 스스로 갈등하거나 고통하지 않는다. 어쩌면 그가 가장 두려워하는 것은 왕따일지도 모른다. 그러므로 주변에서 그의 무지와 고집을 알아차리고 동조하거나 휘둘리지 않는 것이 최상의 해결책이다.

인간도 1
우리의 마음은
왜 복잡한가?

쵸감 트룽빠 린포체는 인간도의 주된 특징으로 열정이나 갈망을 꼽았다. 그리고 그 열정과 갈망은 행복을 추구하는 논리적, 이성적 마음 작용과 관련되어 있다고 보았다. 그런데 사실 우리 인간이 행복을 갈망하는 것 자체가 문제는 아니다. 다만 오직 즐거운 대상만이 편안과 행복을 가져다줄 수 있다고 느끼는 무의식적인 믿음이 문제일 뿐이다. 우리는 그 즐거운 대상이 주는 매력에 완전히 오래 만족하지는 못한다. 왜냐하면 그 즐거운 대상을 있는 그대로 그 자리에 두지 않고 소유하고자 하기 때문이다. 그러한 소유욕은 갈망과 집착을 낳게 되고, 종국에는 즐거움이 고통으로 변화한다.

인간도에서 즐거움의 대상을 끌어당기려는 마음 작용은 뒤에서 살펴볼 아수라도에서 이루어지는 것과 다르다. 인간도에서는 대상을 끌어들이는 에너지가 고도로 선택적이고 안달복달할 만큼 열정적인 데 반해, 아수라도에서는 끌어당기는 힘이 선택적이거나 계산적이지 못하다. 인간도 정신세계에 있는 사람은 자신의 이상과 스타일에 대한 예리한 감각을 가지고 있기 때문에 그에 맞지 않는 것을 거부한다. 우리가 자기 기준에 맞지 않는 사람은 비판하고 비난하지만, 자기 스타일에 맞는 사람에게는 강한 호감을 느끼며 자기도 그러한 특질을 소유하고 싶어 하는 건 바로 이 때문이다. 이렇게 대상을 자신의 영역으로 끌어들이기를 원하고, 대상과 같아지고 싶어 하는 것은 단순한 질투가 아닌 일종의 '갈망적인 질투'다.

인간도 정신세계에서는 또한 본질적으로 어떤 높은 이상을 성취하려고 노력한다. 그러한 노력은 지식, 학습, 교육, 정보 등을 수집하고 성취하는 데 집중하는 것으로 나타나기 때문에, 인간도에서 가장 왕성하고 활동적인 것이 바로 지성이다. 다른 마음에 비해 지적, 논리적 마음이 훨씬 더 강력하기 때문에 늘 새로운 상황에 끌린다. 항상 새로운 아이디어나 전략, 책에서 얻은 것들, 삶에서 일어나는 의미 있는 사건 등을 붙잡으려고 하는 통에, 마음은 생각으로 꽉 차 있다. 그리고 그렇게 채워진 잠재의식들이 끊임없이 작용하여 마음이 굉장히 지적이고 바쁘고 혼란스럽다.

지성의 활동이 지나치면 온갖 사고가 난립하기 때문에, 마음이 생각의 교통체증에 걸리기도 한다. 한마디로 인간은 너무나 많이 바쁘게 생각하기 때문에 오히려 아무것도 배울 수 없는 처지에 빠지기도 한다. 인간도와 천상도의 정신세계는 뭔가에 완전히 빠져 있다는 점에서 동일하다. 그러나 인간도의 정신세계가 온갖 아이디어, 계획, 환상, 꿈 등에 휩싸여 있으면서도 만족하지 못하는 데 반해, 천상도의 정신세계는 축복감과 만족감에 완전히 빠져 있다는 점에서 다르다.

한편 마크 엡스타인은 인간도의 특징을 자아 추구라고 보았다. 다시 말해 인간은 자기가 정말로 누구인지를 모르기 때문에 그 알 수 없는 자아를 찾아 끊임없이 정신 여행을 하고 있다는 것이다. 그 여정에서 우리는 자아의 참모습을 잃어버리고 고통스러워한다. 그러므로 인간도에 나타나는 관세음보살은 자아에 대한 무지로 고통스러워하는 사람들을 구제하고자 진정한 자아를 찾아 나선 고타마 싯다르타, 즉 붓다의 모습으로 나타난다.

쵸감 트룽빠 린포체와 마크 엡스타인의 견해를 종합하면, 인간도의 정신세계는 어린 시절에 거부당하고 억압되어 숨겨진 자기를 드러내고 무의식적인 욕망을 따라 끊임없이 자아를 찾고자 애쓰는 노력과 열망으로 가득 차 있다고 볼 수 있다.

인간도 2

개똥밭에 굴러도
인간으로 사는 게 좋은 이유

　　　　　　인간도는 행복을 창조하려는 열정과 갈망이 지식, 꿈, 계획, 아이디어를 끊임없이 추구하는 지적 활동으로 드러난다고 했다. 하지만 육도 가운데 인간도만큼 행복을 추구하지만 행복하지 못하고, 끊임없이 노력하고 애쓰지만 만족하지 못하고, 자기가 진짜 누구인지 쉬지 않고 질문하고 답을 구하지만 결코 자기가 누구인지 알지 못하는 모순 속에서 희망과 좌절, 즐거움과 괴로움을 느끼며 번민하고 괴로워하는 세계는 없다.

　　그러나 알고 보면 육도 가운데 인간도만큼 희망적인 영역도 없다. 오직 인간도에서만 윤회의 고통을 근본적으로 해결할 수 있기 때문이다. 인간도에서는 고통의 근원에서 벗어날 수 있는 방법으로 붓다의 가르침을 풍부하고 세밀하게 설명하고 있다. 뿐만 아니라 지금껏 고통으로부터의

해방과 깨달음의 길을 걸어왔고, 현재도 걷고 있으며, 앞으로도 걸어갈 무수한 수행자들이 우리 가까이에서 모범을 보여주고 있기도 하다. 우리는 마음만 먹으면 도처에서 삶의 시련과 고통에서 해방될 수 있는 수행처를 발견할 수 있는 것이다.

그런데 우리는 왜 수행하고자 하는 간절한 의지가 부족한 것일까? 그건 하루 가운데 우리가 진실로 인간도의 정신세계를 유지하는 순간이 그다지 많지 않기 때문인지도 모른다. 우리는 거의 대부분의 시간을 축생도나 지옥도, 아수라도나 천상도의 정신세계에 머물기 때문에 수행하고자 하는 욕구나 의지를 일으킬 수 없다. 즉 아수라도와 천상도의 정신세계에 있는 동안은 각각 경쟁심에 몰두하거나 황홀감에 심취하여 변화, 성장, 깨달음과 같은 우리의 정신에너지가 완전히 마취되고 응고된다. 또 축생도의 정신세계에 있을 때는 앞만 보고 돌진하느라 타자에 대한 인식은 말할 것도 없고 자기 상태에 대한 인식조차 불가능하다. 지옥도의 정신세계에 있을 때는 인식 주체가 고통에 먹혀버린 상태여서, 고통을 알아차리고 그것에서 벗어나고 싶다는 의지를 일으킬 수조차 없다.

그렇다면 인간도의 정신세계에 있는 순간이 너무 짧기 때문에 우리들 대부분이 수행하려는 의지를 낼 수 없다는 말인가? 아니다. 그보다는 인간도에 있는 동안조차 수행할 의지를 내지 못하기 때문이다. 불교에서는 찰나라도 진실로 자신이 처한 삶과 죽음의 현실을 알아차릴 수 있다면 그것만으로도 수행의 씨앗은 충분히 뿌려졌다고 본다.

우리가 인간도의 정신세계에 머무는 순간에도 진실한 수행 의지를 일으키지 못하는 것은, 우리 자신이 누구인지를 아는 데 가장 큰 장애가 되는 두 가지 요소와 관련이 있다. 마크 엡스타인이 말하길, 우리는 이상적인 자아상을 갈망하여 실제로 '자기'라고 믿고 주장하는 아상(我相)을 드러내는 일에 온 열정을 쏟아붓는다. 그리고 우리가 원치 않는 자신의 모습이나 특성은 숨기고 억압하고 부정하는 일에 우리의 온갖 지식과 노력을 동원하느라 정신이 없다.

하지만 우리는 이상적인 자아상에 다다르기 위해 무던히 노력하여 성취해나가더라도, 끝내 만족하지 못한다. 왜냐하면 우리가 원하는 이상적인 자아상이 진짜 자기는 아니기 때문이다. 마찬가지로 인정하고 싶지 않은 자기 모습을 숨기고 부정하고 변명하는 일에 평생을 바쳐서 씨름해도, 스스로를 속이지 못하기 때문에 자아에 대한 진정한 믿음이나 자존감을 가질 수는 없다.

그래서 인간도의 정신세계는 자기가 원하는 자아상을 전면에 앞세우고 원하지 않는 자아상을 제거하는 일로 항상 분주하고 혼란스럽다. 그리고 수고하면 할수록 전자는 가면이 되고 후자는 아마가 되어 자기 자신을 괴롭히고 공격한다.

인간도 3

바라보고
받아들여라

우리는 어떻게 이러한 인간적 고뇌에서 해방될 수 있을까? 우리 대부분은 이미 정답을 알고 있다. 아집을 버리면 된다. 관건은 그 아집을 버리는 현실적인 방법이 무엇이냐는 것이다.

아무리 애쓰고 또 애써도 '나'라는 관념은 사라지지 않는다. 가지를 치면 더욱더 가지가 무성해지는 나무처럼, 잘라내려고 하면 '나'라는 생각은 순식간에 더 강해지고 만다. 우리의 자아의식은 우리가 생각하는 것보다 훨씬 더 영리하고 교묘하다. 정면으로 도전하는 건 우리에게 무리다. 그래서 자아의식이 발생하는 근원에 대한 이해와 탐색이 필요하다.

유식론에서는 자아의식의 바탕을 가리켜 저장된 경험과 앎, 즉 '저장식'이라고 한다. 용수는 대상과의 경험, 즉 대상을 향한 감각, 느낌, 감정,

생각, 기억 등으로 구성된 오온(色受想行識)에 집착하는 것이 바로 자아에 대한 집착이라고 했다. 다시 말해서 경험에 대한 집착이 바로 '나'에 대한 집착이라는 뜻이다. 그러니까 대상에 대한 집착을 좀 더 정확하게 분석하면 대상과의 경험에 대한 집착이고, 그것이 바로 '나'에 대한 집착이다.

이를테면 사랑하는 사람을 상실한 아픔을 예로 들어보자. 우리는 자기가 집착하는 것은 사랑하는 사람이라고 믿고 있다. 그러나 좀 더 깊이 자각하면 집착 대상이 사랑하는 사람 자체라기보다는 그 상대와 나눈 경험, 즉 감각, 느낌, 감정, 생각, 기억에 대한 집착이라는 사실을 깨닫게 된다. 그 대상과 함께한 시간, 경험, 생각, 기억을 탐닉하며 그 경험을 계속해서 유지하고 반복하고픈 욕망이 상대에 대한 집착, 상대를 소유하고 싶은 욕망으로 나타나는 것이다. 그리고 그것은 괴로움을 낳는다.

이전의 경험을 반복하고픈 욕망과 집착은, 곧바로 욕망하고 집착하는 주체인 '나', 즉 자아의식을 계속 발생시키고 강화한다. 나아가서 강화된 자아의식이 더욱더 강렬하게 대상과의 경험을 갈망하고 증폭시키면서 악순환이 이어진다. 그와 같이 욕망과 집착의 좌절로 고통하는 상태에서 자아의식을 버리려는 노력은 오히려 자아의식을 강화시킬 수밖에 없다.

그러면 우리는 어떻게 해야 하는가? 고통의 주체인 자아의식을 거칠게 다루거나 억압하는 대신 친절하고 따뜻하게 위로해주는 친구가 되어야 한다. 상대나 자기 자신을 비난하고 경험의 내용을 부정하거나 판단하기보다는 현재의 자기감정과 생각 들을 있는 그대로 바라보고 수용하는 것이다.

그런데 유식론에서 자아의식은 무의식적 과정을 통해 아만, 아애, 아견, 아치라는 네 가지 번뇌로 작동한다. 마음의 심층에서 너무나 빠르게 발생하고 사라질 뿐만 아니라 다양한 에너지로 움직이기 때문에, 괴로움의 주체인 자아의식을 포착하는 일은 쉽지 않다. 그런데 강한 자아의식의 작용은 강한 정서를 동반하기 때문에 자아의식 대신 자아의식이 유발하는 정서, 즉 마음의 고통을 알아차리는 것이 효과적이다.

그리고 마음의 고통은 반드시 신체 반응을 동반하므로, 결국은 몸의 반응을 알아차리고 다루는 것이 초보자가 마음의 고통을 알아차리는 가장 효과적인 방법이다. 예를 들어 사랑하는 대상을 상실한 데서 오는 마음의 고통은, 가슴이 조이고 피부가 따갑다든지, 숨을 쉴 수 없을 정도로 심장이 아프다든지 하는 몸의 반응을 불러올 것이다. 또 배신감과 분노에서 오는 마음의 고통은 뒷목이 뻣뻣하다든지, 열이 난다든지, 맥박이 빨라지는 등의 다양한 신체 반응을 일으킬 것이다.

인간도 4

몸을 알아차리면
마음이 편안해진다

　　　　　　　인간도에서 겪는 고통에는 두 종류
가 있다. 하나는 순수한 고통이다. 이를테면 태어나고 늙고 병들고 죽는
(생로병사) 네 가지 고통(四苦)에, 사랑하는 사람과 이별해야 하는 고통(愛別離
苦), 미워하는 사람과 만나야 하는 고통(怨憎會苦), 원하는 것을 얻지 못하는
고통(求不得苦), 과거 경험에 집착하는 고통(五陰盛苦)를 더한 여덟 가지 고통
(八苦)이 순수한 고통이다.

　다른 하나는 자아의식이 작동하여 오염된 고통으로, 무상의 이치를
따르지 않는 특징이 있다. 이 고통은, 고통을 고통으로 자각하여 수용하
지 않고 저항하거나 회피하는 데서 온다. 다시 말해 순수한 일차 고통 위
에, 그 고통을 향한 반응 태도가 만들어낸 이차 고통이 가중된 고통인 것
이다. "두 번째 화살을 맞지 말라."는 붓다의 가르침에서 '두 번째 화살'과

일맥상통하는 것으로, 방어기제가 작동하여 생겨난 고통이라고 이해하면 된다.

우리는 어떻게 자아의식이 발사한 두 번째 화살을 피할 수 있을까? 고통을 회피하거나 고통과 정면으로 맞서 싸우는 대신 자각하고 수용하면 된다.

그렇다면 구체적으로 어떻게 고통을 자각하고 수용할 것인가? 고통을 수반하는 생각, 감정, 기억이 떠오를 때, 그것과 직면하는 대신 그러한 생각, 감정, 기억과 관련된 신체 반응에 주의의 초점을 맞춘다. 생각이나 감정을 다루기보다는 몸의 반응을 통해서 작업하는 것이 훨씬 더 효과적이기 때문에, 호흡에 귀의하고 몸의 감각에 귀의하라는 뜻이다. 이는 우리의 주의가 생각, 감정, 기억에 초점을 두거나 휩쓸리지 않도록 호흡과 신체 반응으로 되돌아와서 의지하라는 뜻이다.

하지만 실제로 고통스런 생각, 기억, 감정이 일어날 때, 주의를 몸으로 가져가서 고정하는 것이 말처럼 쉬운 일은 아니다. 너무나 아프고 괴롭기 때문이다. 그럴 때 우리는 본능적으로 회피하거나 주의를 다른 곳으로 돌리고 싶어진다. 잊어버려서 생각이 나지 않으면 좋겠고, 다른 대상을 원망하거나 미워하는 쪽으로 도피하고 싶어진다. 그래서 잠시라도 자각을 놓치면 자신도 모르게 갖가지 방어기제가 발동한다. 이를테면 상대에게 가하는 비난과 투사, 흑백논리에 따른 선악 판단 등 자아의식의 다양한 기능을 작동시켜서 고통에서 도망치려 한다.

그러나 성장 과정에서 형성된 생각, 기억, 습관의 반응 패턴이라는 감옥에서 벗어나기 위해서는 고통과 함께 머물러서 고통을 음미해야 한다. 그리고 그 고통 속에서 자아의식의 존재를 자각하고, 지금껏 끊임없이 반복되어온 패턴이 깨지고 우리 자신의 오랜 업식이 녹는 과정을 지켜보아야 한다.

이러한 훈련은 몹시 힘겹고 괴롭다. 그럴 때는 등산이나 요가, 절 수행, 마사지 등을 겸해서 주의가 몸에서 떠나지 않도록 노력해야 한다. 일정한 시간 동안 그렇게 견디다 보면 몸의 통증이 줄어들면서 우리의 마음도 함께 치유될 것이다.

아수라도 1
명석한 머리,
냉혹한 가슴

아수라도의 정신세계 또한 쵸감 트룽빠 린포체와 마크 엡스타인의 견해를 빌려서 살펴보는 것이 좋을 것 같다. 쵸감 트룽빠 린포체는 아수라도 정신세계의 특징으로 편집증 또는 망상증을 꼽았다. 이를테면 아수라도의 정신세계에 있는 사람은 자기를 도우려는 타인의 행동을 자기를 억압하거나 자기 영역을 침범하는 것으로 해석한다. 반대로 자기를 돕지 않으면 자신의 편안만을 추구하는 이기적인 사람이라고 상대를 매도한다. 만일 상황에 따라서 돕기도 하고 돕지 않기도 하면 상대방이 자기하고 게임을 한다고 생각한다. 이처럼 아수라도의 정신세계는 어느 장단에 춤을 춰야 할지 모를 정도로 정신없고 어수선하며 안정감과 일관성이 결여되어 있다.

그리고 아수라도의 정신세계는 보통 사람들에게는 잘 보이지 않는

구석까지 속속들이 들여다볼 수 있을 정도로 아주 지능적이다. 아수라도의 정신세계에 있는 사람은 우리의 등 뒤에서 우리를 보고 있다. 그는 자신의 방어적 자존감을 아주 효율적이고 정확하게 작동시키고 유지한다. 그의 정신세계는 공격당할 수 있는 모든 가능성을 피하면서도 즉석에서 모든 것을 성취하려고 애쓴다. 그리고 빠르게 부는 바람처럼 고속으로 움직이며 끊임없이 뭔가 더 높고 큰 것을 얻으려고 시도한다. 그렇게 하기 위해서는 행동으로 옮기기 전에 준비할 시간이 필요하지만, 아수라도의 정신세계에 있는 사람은 실제로는 준비 없이 행동한다. 그래서 아수라도의 정신세계에 있는 사람에게는 즉흥적으로 행동하는 특성이 있다.

쵸감 트룽빠 린포체는 비교하고 경쟁하는 일에 고도로 몰입되어 있는 것 역시 아수라도 정신세계의 특징으로 보았다. 아수라도의 정신세계에 있는 사람에게는 자신이 얼마만큼 나아갔는지를 확인할 수 있는 이정표가 필요하다. 그는 세상이 자기와 자기의 경쟁자로 나뉘어 있다고 보기 때문에 삶을 일종의 게임으로 지각하는 경향을 띠어 모든 것을 의심스럽거나 위협적인 것으로 받아들인다. 그 결과 스스로를 숨기고 위장하면서도 막상 문제가 발생하거나 자기 계획에 어긋난다는 판단이 들면 기꺼이 정면에 나서서 싸운다.

한편 마크 엡스타인은 정신분석 입장에서 아수라도의 정신세계를 열매가 가득 달린 소원의 나무 위에서 질투하는 신들이 싸우는 모습으로 묘사하고 있다. 끝없는 욕망을 따라 냉혹하게 경쟁하고 싸우고 질투하는 세계이기 때문이다.

　그런데 엡스타인의 관점에는 주목해야 할 대목이 있다. 그는 천상도와 아수라도를 동전의 양면으로 본다. 그리고 이 두 극단의 세계를 잇는 다리를 인간의 아상(我相)으로 보았다. '나'라는 존재감을 드러내는 것이 좌절될 때 분노하고, 아상을 충족시키기 위해서 타인을 공격하고 파괴하며, 타인을 질투해서 공격성을 품는다는 것이다. 그가 정의한 아수라도의 정신세계는 한마디로 아상에 집착해서 질투하고 혼돈과 갈등에 휩싸인 마음이다.

아수라도 2
나도 죽이고
너도 죽여라

경쟁심과 질투심에 고도로 몰입하고 편집증적 망상을 보이는 아수라도의 정신세계에서 우리는 어떻게 벗어날 수 있을까?

이미 설명했듯이 아수라도의 정신세계에서는 접촉하는 모든 대상을 '나'와 '나의 편', 그리고 '너'와 '너의 편'으로 분리해서 상대를 의심하고 경계한다. 그와 같이 극단적인 이원적 지각을 다루는 방법으로 중국 당대의 임제(臨濟) 스님이 제자를 가르칠 때 사용한 네 가지 방법(四料簡) 가운데 하나인, '나'라는 주체도 죽이고 '너'라는 객체도 죽이는 기법이 효과적이지 않을까 싶다.

사요간은 임제 스님이 제자를 지도할 때 제자의 주된 정신역동이 자기중심적인지 타자중심적인지에 따라서 가르침을 달리했던 방법이다.

스님은 모든 것을 자기중심으로 생각하는 제자에게는 자기(인식 주체)를 무시하고 타자(인식 대상)에 초점을 맞추어 자기중심적인 주의를 타자중심으로 이동하도록 이끌었다. 이와 달리 제자가 매사에 자기는 없고 타자중심으로만 행동한다면 주의를 자기에게 돌리도록 지도했다. 또 자기와 타자 모두를 지나치게 신경 쓰는 제자라면 자기와 타자 모두를 무시하도록 했고, 자기와 타자 모두에게 신경을 쓰지 않으면 그 둘에 초점을 맞추도록 지도했다.

그런데 아수라도의 정신세계를 치유하려면 자기중심적인 '나'는 죽이고 타자중심적인 '너'는 살리는 기법이 더 낫지 않을까? 아수라도의 정신세계는 자아에 극도로 몰입해 있는 상태이기 때문이다. 하지만 아수라도의 정신세계에서 '나'에 대한 집착은 단순한 집착의 수준을 넘어선 몰입/중독의 상태이기 때문에, '나'만 죽이고 '너'는 살리는 기법은 큰 저항과 부작용을 초래하여 현실적으로 성공 가능성이 희박할 것이다. '너'의 존재를 인식하는 순간, 자동적으로 '나'에 대한 인식이 자극될 것이기 때문이다.

뭔가에 극도로 중독되어 있을 때 서서히 줄이는 것보다 단번에 자르는 것이 때로는 효과적일 수 있다. 아수라 세계를 묘사한 만다라 그림에서 관세음보살은 불을 내뿜는 칼을 들고 있다. 자비를 상징하는 관세음보살조차 아수라도의 정신세계를 치유할 때만큼은 따뜻한 보살핌 대신 불의 칼을 방편으로 사용한다는 것인데, 그렇다면 불의 칼이 상징하는 것은 무엇일까?

  심리적으로 보면, 경쟁하는 상대를 향한 공격적이고 파괴적인 아수라의 마음은 상대의 모든 행위를 자기중심으로 치우친 계산법으로 분석하고 해석하느라 쉬지를 못한다. 마치 고삐 없는 맹수의 등에 올라탄 사람처럼 어디로 어떻게 나아가는지도 알지 못한 채 정신없이 달리기만 한다. 경쟁과 비교의 극단을 치달아온 우리의 교육 현실이 바로 전형적인 아수라도의 정신세계를 보여주고 있다. 그 속에서 아이들은 성적을 비관해 자살이라는 극단적 방법을 선택하고, 학교폭력의 가해자나 피해자가 되어간다. 상황이 이 정도에 이르면, 단지 경쟁심을 줄이고 비교하는 마음을 자제하는 소극적인 방식으로 질투와 분노와 공격의 에너지에서 안전하게 빠져나올 수 없다.

  아수라의 세계에서 경쟁과 비교를 거부하는 유일한 길은 죽음뿐이다. 즉 관세음보살이 들고 있는 불의 칼로 '나'를 죽이고 '너'를 죽이는 것이다. 그 길은 현실 세계에서 수행의 길로 체계화되었다. 한동안 일상의 현실에서 벗어나 '나'도 없고 '너'도 없는 세계를 꿈꾸고 가꾸는 깨달음의 길, 불이문(不二門)으로 들어가는 것이다. 일반인은 단기 출가, 템플스테이, 집중명상, 산사 체험 등의 프로그램을 통해 깨달음의 길에 들어설 수 있다. 그리고 출가 수행자는 장기 참선 수행, 만행 등을 통해 일정 기간 현실의 책임과 지위를 버리고 몸과 마음의 무소유를 실천한다. 또 일반인과 수행자 모두 '너'와 '나'의 이원성을 초월하여 자아의 공성(空性)을 경험하는 자아초월 심리 치료, 자비명상과 같은 단기 프로그램을 반복 체험하는 식으로 경쟁심과 질투심에 중독된 몸과 마음을 수시로 정화하는 작업이 필요하다. 그럴 때만이 경쟁적 존재 방식의 근원에서 아집과 고통을 만나는 것이 가능해진다. 그것은 또한 서로 협력하고 돕는 연기적 삶으로 가는 지름길이기도 하다.

천상도 1
또 하나의 극단

　　　　　　　　　마크 엡스타인은 천상도가 감각적 지복, 희열, 환희, 심미적 쾌락을 경험하는 심리 상태라고 했다. 즉 천상도의 정신세계에서는 우리가 원하고 사랑하는 대상과 하나가 되면서 잠시 동안 자아의 경계가 허물어져서 즐거움과 희열의 한가운데 머물게 된다는 것이다. 천상도에 나타나는 관세음보살은 비파를 들고 있는데, 이는 그와 같은 즐거움은 일시적인 것이니 몽환의 상태에서 깨어나라는 가르침을 음악으로 들려준다는 뜻이다.
　　한편 쵸감 트룽빠 린포체는 천상도의 정신세계를 더욱 세세하고 명료하게 묘사했다. 그에 의하면 천상도의 정신세계는 자아와 영적 유물론에 근거를 둔 정신적 고착, 즉 일종의 명상적 몰입이다. 이를테면 천상의 정신세계에 있는 수행자는 대상에 의지해서 머물러 있기 때문에 그 수행의 깊이와는 상관없이 엄청난 자아의식을 가지고 있을 수밖에 없다. 때로는 엄청난 노력의 결과로 영감을 주는 소리나 형상을 체험하는 등 신비한 가피를 경험하기도 한다. 그러나 그러한 경험들은 모두 자아를 바탕으로 하는 마음의 노력을 통해 생겨난, 변형된 의식 상태일 뿐이다. 그런 의미에서 쵸감 트룽빠 린포체는 천상의 경험을 인간이 만들어낸 플라스틱 꽃에 비유했다. 한마디로 이러저러한 수행을 하고 있는 '나'에 바탕을 둔 자의식의 발달에 불과하다는 것이다.

그렇다면 천상의 정신세계는 어떤 과정을 통해서 만들어지는 것일까? 쵸감 트룽빠 린포체는 우리의 마음이 성공에 대한 희망과 실패에 대한 두려움이라는 극단을 오갈 때 발생하는 극도의 긴장 때문에, 우리가 희망과 두려움의 궤도에서 이탈하는 데서 천상의 정신세계가 출발한다고 한다. 그러다가 어느 한순간에 갑작스런 정신적 번쩍임이 일어나고, 고통과 쾌락이 하나가 된다. 그 순간 세상의 모든 것이 아름답고 사랑스럽게 보이기 시작하는데, 심지어 아주 불쾌하고 힘겨운 상황에서조차 모든 것이 아름답게 보인다. 왜냐하면 천상도에서 자아의식의 기능이 일시적으로 멈추었기 때문이다.

쵸감 트룽빠 린포체는 그러한 심리 상태가 연민과 소통, 그리고 자아의식에서의 해방 등으로 표현되는 영적인 원자폭탄이라고 했다. 그러나 누에가 비단실로 자기를 감싸고 감싸서 마침내 스스로를 숨 막히게 가두는 것과 같이, 천상의 정신세계는 스스로를 더 많이 깊게 속박하는 마음 상태일 뿐이다. 이와 같이 영적 성품을 자기파괴적으로 왜곡하고 유물론에 바탕을 둔 천상의 정신세계에서는 건강, 부, 아름다움, 명상 상태, 미덕 등과 같은 극단의 정신적, 신체적 즐거움을 추구한다. 그리고 그러한 상태를 통해서 자아의식을 유지하고 머무르려고 하기 때문에 항상 쾌락중심적이다. 그래서 천상도에는 고통이 없다. 고통은 궁극을 향한 각성에서 오기 때문이다.

그런데 우리가 알다시피 영원한 것은 없다. 천상도에서 인연이 다하면 마음은 곧장 지옥도의 상태가 되고 만다. 왜냐하면 천상도의 정신세계에서는 자신이 성취한 영적이고 세속적인 축복이 영원하다고 착각하기 때문이다. 그러나 대상에 의지해서 성취된 천상도에서의 경험은 영원할 수 없다. 모든 대상은 시공간이라는 조건의 지배를 받기 때문이다. 시간이 흐르고 공간이 바뀌면 대상도 따라서 변하고, 그 대상에 의지했던 천상도의 정신세계도 흔들린다.

축복 상태가 흔들리면 마음은 반사적으로 이전의 경험 상태를 유지하고 그 상태로 되돌아가려고 애쓰게 된다. 그럴수록 마음은 더 초조해지고 영원에 대한 믿음이 깨지면서 과거에 누적된 경험들, 즉 카르마가 작동하기 시작한다. 깊은 실망과 함께 스스로 속았다는 생각이 점차 강해지면서 자신을 비난하기 시작한다. 동시에 우리를 천상도로 밀어 넣은 대상에게도 비난을 퍼붓는다. 혹은 우리를 천상도에서 벗어나게 만들었다고 짐작되는 대상을 원망하고 비난하면서 분노하고 좌절한다. 천상도의 황홀한 심리 상태를 상실한 우리는 자신과 대상을 비난하면서 또 다른 육도를 배회하는 식으로 윤회를 반복하게 된다.

천상도 2

깨진 유리잔을
본다는 것은…

치열한 수행 말고도 천상도의 즐거움과 희열을 경험할 수 있는 순간이 하나 더 있다. 그건 바로 사랑하는 순간이다.

우리의 마음 깊은 곳에는 항상 사랑을 갈구하고 인정받으려는 욕구가 있기 때문에, 예기치 않은 순간에 사랑의 대상을 발견하여 사랑에 빠질 수가 있다. 언뜻 보기에 사랑은 우연히 찾아오는 것처럼 보이지만, 알고 보면 사랑이란 우리의 무의식이 끊임없이 갈망한 결과다.

눈이 멀고 콩깍지가 씌어서 세상이 모두 아름답게 보이고 행복하기만 한 사랑의 순간이 그리 오래가지 않는다는 사실을 우리는 모두 알고 있다. 그러나 아무리 똑똑한 사람이더라도, 사랑하고 있는 순간만큼은 거기까지 생각이 미치지 않는다. 왜냐하면 자아의식이 일시적으로 작동을 멈추기 때문이다. 그러다가 자아의식이 서서히 마취에서 깨어나면서 사랑의 열정은 식기 시작하고, 천상도의 희열과 즐거움은 원망과 분노로 바뀌면서 지옥도를 향하게 된다.

'혹시 천상도에서 지옥도로 가는 것을 막는 방법은 없을까? 또 천상도의 정신세계를 좀 더 오래 지속하는 수는 없을까?' 아마 이런 질문이 떠오를 것이다. 누구도 천상도에서 벗어나고 싶지는 않기 때문이다. 천상도에서의 인연이 다하는 자리에 지옥도가 기다리고 있음을 아는 우리이기에, 지옥도에 빠지지 않는 방법을 고민할 것이다.

천상도의 환상에서 깨어나려면 구체적으로 무엇을 해야 할까? 여기서 '깨진 유리잔'의 비유를 떠올려본다. 자신에게 가르침을 구하러 찾아온 사람들에게 한 선사(禪師)는 그들 앞에 놓인 아름다운 유리잔을 가리킨다. 그리고는 유리잔의 아름다움에 감동하며 찬탄하는 사람들을 향해서 자신은 아름다운 유리잔에서 깨진 유리잔을 본다고 말한다. 멀쩡한 유리잔에서 깨진 유리잔을 본다든지, 멈춤에서 움직임을 보고 움직임에서 멈춤을 보는 것, 죽음에서 삶을 보고 삶에서 죽음을 보는 것 등은 바로 천상의 희열에 빠진 사람들을 일깨우는 가르침이 될 수 있다.

물론 즐거움의 한가운데서 괴로움의 잠재성을 보거나 삶의 한가운데서 죽음의 잠재성을 보는 것이 지나치게 부정적인 태도라는 반감이 들지도 모른다. 그러나 그것은 우리의 선입견에 불과하다. 삶에서 죽음을 보는 것은, 힘겹고 칙칙한 삶의 색을 영롱하고 찬란한 색으로 변화시키고 지루함과 괴로움의 에너지를 열정과 사랑의 에너지로 전환하여 삶의 가치와 의미를 더욱 빛나게 만든다. 사랑을 보는 데서도 그러하여, 사랑은 영원하지 않고 변화한다는 사실을 인정하고 수용하는 것, 사랑하는 순간에 깨진 사랑을 보는 것이야말로 사랑을 계속 사랑이게 만드는 작업이다. 그러지 않고 영원한 사랑만을 꿈꾼다면 사랑의 경험은 소유권을 투사하고 주장하는 자아의식의 기능에 의해서 부패되고 만다.

자아의식의 기능이 잠깐 마비되는 사랑의 순간은 분명 우리들에게 찾아오는 진여(眞如), 자성(自性), 불성, 본각(本覺), 불보살의 화현이 분명하다. 왜냐하면 우리는 특정한 대상을 향한 사랑의 감정을 통해서 더 많은 대상으로 우리의 주의를 옮기고 확장하면서 새로운 관계를 깊이 맺을 수 있기 때문이다. 그리고 사랑의 열정이 식어가는 천상도과 지옥도 사이의 어느 지점에서 사랑과 미움, 행복과 불행, 즐거움과 고통의 두 극단을 오가면서 우리를 뒤흔드는 아집의 뿌리를 발견하고, 그것이 녹아내리는 것을 생생하게 체험할 수 있기 때문이다.

마음은 끊임없이 변화한다

　　　　　　　　　　　지금까지 육도윤회를 심리적 관점에서 살펴보았다. 이 공부를 통해 우리 대부분이 날마다 육도를 윤회하면서 살고 있음을 알았을 것이다. 개인에 따라서 육도의 어느 한 영역을 두드러지게 체험할 수도 있고, 한 영역에서 다른 영역으로 이동하면서 육도를 골고루 겪을 수도 있다. 개념으로 이해해야 하는 전생이나 내생의 육도윤회와 달리, 심리적 육도윤회는 살면서 겪는 실제 체험이기 때문에 쉽고 생생하게 다가왔을 것이다.

　　언젠가 육도윤회를 주제로 한 1박 2일 프로그램을 진행한 적이 있다. 프로그램 안에서 육도 가운데 최근 일주일 혹은 한 달 동안 자신이 가장 많이 머무른 영역에 따라 그룹을 나누었다. 그리고 그룹별로 대화 시간을 가진 다음 전체 토론에서 발표하도록 했다. 거기서 한 가지 재미있는 사실을 발견했는데, 인간도 그룹에 속한 사람들이 다른 그룹 사람들에 비해서 더 많은 자격증을 가지고 있다는 것이었다. 앞에서 인간도 정신 세계의 특징이, 높은 이상을 성취하려고 노력하고 그러한 노력이 지식, 학습, 교육, 정보 등을 수집하고 성취하는 데 집중된다고 했던 것이 기억 나는가?

전통적인 불교 공부에서는 육도윤회에 대한 연구나 그와 관련된 실습 프로그램을 강조하지 않는다. 그러나 불교 심리학에서 육도윤회에 대한 실습 프로그램을 개발하는 일은 매우 중요하다. 수많은 불교 수행의 궁극 목적이 바로 이 육도를 윤회하는 마음의 고통에서 자유롭도록 사람들을 돕는 데 있기 때문이다.

그러면 우리가 육도윤회를 공부하면서 반드시 기억해야 할 메시지는 무엇인가? 바로 마음은 끊임없이 변화한다는 사실이다. 우리의 심리 상태는 고정되어 있지 않고 이 마음에서 저 마음으로 순간순간 이동한다. 마음은 마치 끊임없이 흐르는 물줄기와도 같아서, 고요하고 평화롭다가도 폭포처럼 사납게 요동치기도 하며, 어느 순간에는 한쪽에 고여서 움직이지 않기도 한다. 그런데 불교에서는 그 어느 것도 진짜 우리 자신은 아니라고 가르친다. 왜냐하면 그 마음들은 단지 상황과 조건에 따라서 일시적으로 생겨났다가 사라지기 때문이다. 그러므로 우리가 어떤 심리 상태에 직면하든지 그 마음은 일시적이고 변화하며 흘러간다는 사실을 이해하는 것이 중요하다. 그래야만 우리 내면에서 어떤 심리 상태가 일어나든 그것에 집착하거나 휩쓸려서 반응하지 않을 수 있기 때문이다.

맺음 글

　치유라는 관점에서 보면, 붓다의 가르침은 우리 인간을 삶의 고통에서 구제하는 것이 목적이다. 그것은 현대 의학의 목적과도 일치한다. 그런데 현대 의학에서 대부분의 인간 고통이 신체만이 아니라 정신적 요인에서도 비롯된다는 사실을 이해한 것은 그리 오래된 일이 아니다. 프로이트가 정신분석학을 소개하기 전까지 현대 의학에서는 생로병사의 네 가지 고통에만 치중하여 신체적 원인만을 병의 원인으로 다루었다.

　붓다는 이미 2,500여 년 전에 인간 고통은 대부분 마음 문제에서 비롯된다는 사실을 통찰하고, 그것의 근본 해결 또한 마음 수행을 통해서 가능하다는 것을 알았다. 불교 심리학은 붓다가 발견한 인간의 근본 고통, 즉 생로병사의 네 가지 신체적 고통에 더해서, 사랑하는 사람과 헤어져야 하고, 미워하는 사람과 만나야 하며, 원하는 것을 얻지 못하고, 과거 경험에 집착하는 네 가지 정신적 고통을 더한 여덟 가지 고통에 관심을 둔다. 그리고 그러한 고통들의 원인과 치유 방법과 예방에 관심을 갖고 그와 관련한 고대의 수행 방법을 현대인의 상황과 조건에 맞게 적용하고 응용하는 다양한 프로그램 개발에 초점을 맞춘다.

불교 심리학 관점에서 보면, 고통의 뿌리인 집착의 근본 원인은 우리의 몸과 마음이 고정되어 있지 않고 시간과 함께 변화한다는 진리에 대한 무지다. 언뜻 생각하면 너무 평범한 진리라서 모두가 알고 있다고 착각하지만, 대체로 의식의 표층으로만 알 뿐 깊은 무의식 수준에서는 모르고 있다. 그래서 거의 모든 우리의 일상 행위는 몸과 마음이 영원하고 독립적인 존재라는 무의식적 믿음을 바탕으로 이루어진다. 그 결과 사람들의 마음이 변했다고 상처받고, 문득 늙어가는 몸에 적응하는 것을 힘들어한다.

불교 심리학에서 실시하는 치유 프로그램들은 기본적으로 과거나 미래가 아닌 현재의 순간에 더욱 충만하게 머무를 수 있도록 우리를 돕는다. 또한 자신의 몸과 마음이 고정되어 있지 않고 변화한다는 진리를 체험하고 깨닫도록 돕는다. 그리하여 있는 그대로의 자신에 친숙해져서 일체의 경험을 열린 마음으로 수용하는 힘을 배양하도록 돕는다.

이 책은 그와 같은 취지에서 붓다의 가르침을 치유라는 관점으로 재해석하고 이해하려는 시도로, 2011년 1월부터 2012년 6월까지 ≪법보신문≫에 연재한 글들을 수정하고 부족한 부분을 보완해서 완성했다. 어느 분야든 시작은 목적하는 바에 미치지 못하고 매끄럽지 못하여 보완할

구석이 많기 마련이다. 독자 여러분의 애정 어린 충고를 진심으로 고대한다.

앞으로 불교 심리학과 심리 치유, 상담에 더 많은 사람들이 관심을 가졌으면 하는 바람과 함께 다양한 영역에서 다양한 연구와 수행 프로그램이 나오기를 기대한다.

이 책이 나오기까지 수행의 장이 가능하게 도와주신 홍륜 학장 스님, 일진 주지 스님, 학감 진광 스님을 비롯한 운문사 전 대중 스님들께 감사드린다. 또한 불교 심리학 강의에 참여한 운문승가대학, 동국대 명상심리상담학과, 대원불교문화대, 중앙승가대학 상담대학원 스님들 외 많은 분들께 감사드린다.

마지막으로 항상 수행자의 길에 등대가 되어주시는 은사 스님이신 운문사 회주, 명성 스님께 이 책을 올린다.

심리학의 눈으로 새롭게 풀이한 불교 핵심 교리
치유하는 불교 읽기

ⓒ 서광, 2012

2012년 10월 22일 초판 1쇄 발행
2025년 3월 21일 초판 8쇄 발행

지은이 서광
발행인 박상근(至弘) • 편집인 류지호 • 편집이사 양동민
편집 김재호, 양민호, 김소영, 최호승, 정유리 • 디자인 쿠담디자인
제작 김명환 • 마케팅 김대현, 김대우, 이선호, 류지수 • 관리 윤정안
콘텐츠국 유권준, 김희준

펴낸 곳 불광출판사 (03169) 서울시 종로구 사직로10길 17 인왕빌딩 301호
       대표전화 02) 420-3200 편집부 02) 420-3300 팩시밀리 02) 420-3400
       출판등록 제300-2009-130호(1979. 10. 10)

ISBN 978-89-7479-215-2 (03220)

값 18,000원

잘못된 책은 구입하신 서점에서 바꾸어드립니다.
독자의 의견을 기다립니다. www.bulkwang.co.kr
불광출판사는 (주)불광미디어의 단행본 브랜드입니다.